Andreas Sturmlechner

Blödsinn macht schlau

Das letzte Krokodil von Venedig

»Kaiser, Könige und Fürsten, Ritter und Bürger – und ihr alle, ihr Wissbegierigen [...], nehmt dieses Buch und lasst es euch vorlesen. Merkwürdiges und Wunderbares findet ihr darin [...], denn Messer Marco Polo, ein gebildeter edler Bürger aus Venedig, erzählt hier, was er mit eigenen Augen gesehen hat.«

Marco Polo. Il Milione. Die Wunder der Welt. Insel Verlag, 2003.

Blödsinn macht schlau

Verehrte Leserin, geschätzter Leser!

Dieses Buch wird Ihnen helfen, komplexe Aufgaben in Zukunft leichter zu lösen. Denn Blödsinn macht schlau, wie schon eine amerikanische Studie bewiesen hat. Aber mehr dazu später.

Mit diesem Buch gehen Sie auf eine kleine Reise und lernen einige der schönsten Gegenden der Erde kennen. Sie reisen dabei schon heute mit CarFly, dem revolutionären und umweltschonenden Transportsystem der Zukunft.

Aber ich warne Sie, nicht alles, was Sie lesen werden, entspricht der Realität. Daher ist dieses Buch auch keinesfalls zum Unterricht in Schulen geeignet.

Zur Unterstützung Ihrer Vorstellungkraft sind hin und wieder Bilder eingebaut. Wenn Sie mehr davon sehen und einen kleinen Urlaub zwischendurch machen wollen, dann schauen Sie auf www.urlauberia.com vorbei. Dort auch in Farbe.Viel Vergnügen. Da und dort.

Andreas Sturmlechner

Zum Geleit

Zwanzig Prozent der Treibhausgase entstehen durch den Autoverkehr. Wenn es gelingt, den Treibstoffverbrauch auf die Hälfte zu reduzieren, wird eine Milliarde Tonnen CO_2 eingespart. Durch die Klimaerwärmung steigt die Zahl der extremen Unwetter; Zyklone, Taifune und Hurrikans verursachen immer neue Rekordschäden. Bei einem Anstieg der Durchschnittstemperatur der Erde um nur zwei Grad verwandeln sich Feuchtgebiete (und damit Sauerstofflieferanten) in Steppen. Die Folgen sind u. a. mehr Buschbrände, weniger Sauerstoff, mehr Treibhausgase, ansteigende Erderwärmung, mehr Unwetter sowie mehr Brände. Die Erde kippt.

Wie gelingt die Vermeidung der Erderwärmung, die Umkehr des Klimawandels?

Die Übung

Wenn zwei Äpfel zusammen 1,10 Euro kosten und ein Apfel um genau einen Euro teurer als der andere ist, wie viel kostet dann jeder einzelne Apfel?

Schweine sind aus

Nur noch Kühe da.

Das Gleichgewicht der Inseln

Es ist wichtig, dass die in den Sommermonaten von Touristenmassen überströmten Inseln nicht aus dem Gleichgewicht geraten. Sowohl das ökologische als auch das in Kilogramm bemessene Gleichgewicht gilt es dabei zu beachten. Touristen müssen daher nach einem ausgeklügelten System auf Inseln verteilt werden. Nicht auszudenken, wenn eine Insel mit sämtlichen Voll- und Teilzeitbewohnern kippt.

Zunächst werden die Touristen auf die extra zu diesem Zweck errichteten Bettenburgen verteilt. Das ist auch gut so. Gebt den Urlaubsgästen ihre Hotelkästen. Diese Wohnstätten wurden so errichtet, dass eine möglichst gleichmäßige Gewichtsverteilung gegeben ist. Heute werden aus Sicherheitsgründen nur noch ebenerdige, maximal einstöckige Anlagen genehmigt, höhere Gebäude sind Schwarzbauten und werden unmittelbar nach Fertigstellung abgerissen.

Da sich nach jahrelanger Forschung bestätigt hat, dass sich die Touristen während ihres Aufenthalts bis hin zur Abreise nicht immer in den für sie vorgesehenen eingezäunten Territorien aufhalten (vermutlich aufgrund purer Neugier), mussten Mittel und Wege gefunden werden, um ihnen den Verbleib schmackhaft zu machen. Schließlich muss das Gleichgewicht der Inseln zur Sicherheit der Einheimischen wie der Touristen trotz Durcheinandergeraten der ursprünglich vorgesehenen Aufenthaltsordnung gehalten werden.

Zu diesem Zweck wurden Futterstellen wie Tavernen und Fast-Food-Shops an strategisch wichtige Orte gesetzt, damit sich die Urlauber nicht von den für sie vorgesehenen Gebieten wegbewegen.

Als die Touristenströme aufgrund allgemeinen Wohlstandes inflationär anwuchsen, wurden Einkaufsgelegenheiten erfunden, wie etwa die Souvenirläden, die sich vor allem dadurch auszeichnen, dass sie Sachen feilbieten, die man nicht braucht. Sie dienen lediglich dem Zeitvertreib während des Kaufaktes und zur besseren Verteilung der Touristen auf den Inseln. Auf manchen Inseln ist es sogar notwendig, die Preise extrem hoch anzusetzen, um die Touristen zum Handeln zu animieren und so deren Verbleib in den Einkaufsstätten zu verlängern.

Eine logistische Herausforderung stellte zunehmend der zeitgerechte Transport der Touristen von einer Lokalität zur anderen und zurück dar. Diesem Zwecke dienen heute die verschiedensten Systeme, wie Taxis oder Linienbusse, besonders entlang frequentierter Austauschstrecken. Weiters werden an Touristen mit außergewöhnlichem Bewegungsdrang Mopeds diverser Ausführungen, Motorräder, Quads, Buggys und Autos verliehen. Mit diesen verteilen sich die Touristen wie von selbst in der Masse gleichmäßig über die Inseln. Der Grund für die erfreulich gleichmäßige Verteilung liegt auch darin, dass sich die Touristen gegenseitig immer den falschen Weg ansagen.

Zum Ausgleich, falls an einer Stelle trotzdem noch Übergewicht entsteht, werden bewegungshungrigen oder gelangweilten Touristen Schiffsausflüge feilgeboten. So nimmt man in Zeiten besonderen Ansturms viele Kilos von den Inseln. Die Touristen auf den Booten erleichtern die Inseln. Das gilt jedoch nicht, wenn ein Boot über die Ankerkette oder Leine mit dem Land verbunden ist. In diesem Fall überträgt sich das Gewicht sofort wieder auf die Insel.

Auch der Umstand, dass die Touristen eher zu den Küsten als zur Inselmitte strömen, wirkt stabilisierend – wie die Stabilisatoren moderner Kreuzfahrtschiffe oder die Stange eines Seiltänzers.

In Zeiten der größten Touristenanhäufung, meist ist es der August, schickt Mutter Erde zudem Hitzewellen über die Inseln, sodass sich die Touristen zur Abkühlung ins Meer begeben und schwimmend Druck von den Inseln nehmen.

Zur Feinabstimmung der Insel lenkt man vereinzelt, besonders geeignete Touristen auf Wanderwege, die wie dünne Fäden des Ausgleichs die Insel überziehen. Wanderer sagen einander grundsätzlich den richtigen Weg an.

Auf Inseln ist man auch gezwungen, die Abwässer der Touristen ins Meer zu leiten, da die Häufung von Haufen an Land rasch zu großer Gewichtsbelastung führen würde. Denn wie gesagt, alles was im Wasser schwimmt, erzeugt keinen Druck auf die Insel.

Die Zahl der im Sommer gehäuft auftretenden Touristen war jedoch beim Bau der hierfür vorgesehenen Leitungen ins Meer deutlich niedriger als heutzutage. Auch nicht in ihren kühnsten Träumen haben sich Touristenausgleichsmanager eine so große Zahl ausgemalt. Die Rohre sind heute eindeutig zu dünn. Daher ist es noch ein Glück, dass die meisten Touristen tagsüber selber gleich direkt ins Meer pieseln. Es soll sogar welche geben, die ihre Wasserbesuche nach dem Leitungsdruck einteilen.

Ob die Touristen das Wasser in sich tragen oder ins Meer ablassen, wirkt sich nicht auf die zur Verfügung stehende Landmasse aus. Im Meer abgelassen steigt der Meeresspiegel, an Land getragen sinkt die Erdmasse. Ideal wäre ein Verdampfen in die Atmosphäre, weil dadurch die Luftmassen gleichmäßig auf die Erd- und Wasseroberfläche drücken. Die Luft ist aber nur begrenzt aufnahmefähig; ist das Wasser ihr zu viel, lässt sie es in Form von Regen, Schnee oder Eiswürfeln (für die Drinks der Touristen) auf die Erde zurückfallen, wobei es wiederum egal ist, ob über Land oder ins Meer.

Weitere Erkenntnisse über die Wirkungen der Luft auf das Gleichgewicht der Inseln möchte ich dem geneigten Leser nicht mehr zumuten, würden diese doch zu sehr ins Wissenschaftliche abschweifen, wodurch die Gefahr bestünde, den Leser zu langweilen.

In diesem Zusammenhang nicht unerwähnt bleiben darf, dass Flughäfen an den Rand der Insel gesetzt werden, damit ein aufwuchtendes, voll besetztes Flugzeug die Insel nicht kippt. Es muss auf einer Insel bereits viele schwere Hotels an verschiedenen Ecken geben, bevor ein Flughafen gebaut werden kann. Manche Inseln eignen sich dafür gar nicht oder sind noch nicht ausreichend von Touristenströmen erfasst, sodass auf einen Flughafen vorerst verzichtet wird.

Traurig aber wahr: Einige besonders kleine Inseln werden wohl niemals einen Flughafen bekommen. Die Touristen erreichen diese Inseln nur mit großer Mühe. Viele bleiben daher touristisch vollkommen unbenutzt.

So gelingt es, mit einem individuellen und ausgeklügelten System zur Verteilung der Touristen die Inseln vor dem Untergang zu schützen.

Wie es früher war

In früheren Jahrhunderten, als man auf das Gleichgewicht auf den Inseln überhaupt keine Rücksicht genommen hat, kam es zu gelegentlichen Vulkanausbrüchen. Die Insel hat damit ihr automatisches Sicherheitsventil geöffnet. Heute kommt das nur noch selten vor, wenn doch, dann ist der Jammer aber umso größer.

Manchmal kann die Insel den Ausbruch vermeiden, indem sie sich kurz schüttelt und ein paar Berge ins Gleichgewicht rüttelt. Die Rüttelstärke wird von Richtern gemessen, die dann auch gleich der Höheren Gewalt die Schuld zuschieben. Oder Poseidon, dem Gott der Meere, der auch für Erdbeben zuständig ist. Er ist multitaskingfähig. Beispiele von Inseln, die sich kürzlich geschüttelt haben, sind La Palma und Stromboli.

Aber schuld sind die Touristen und ihr massives Körperfett. Olivenöl ist da viel leichter, weshalb es auch in großen

Mengen produziert wird. Schon vor tausend Jahren wurden dazu die dicken Olivenbäume in den steinigen Boden gerammt, in vorgebohrte Löcher. Die ausrangierten Bohrmaschinen von damals bohren heute nach Erdöl, was wiederum viel schwerer ist als Olivenöl. Daher wäre es auch besser, es tief unten in der Erde zu belassen. Oben bringt es Inseln leicht aus dem Gleichgewicht.

Erdöl wird an Tankstellen und in Rotterdam verkauft. Die Tankstellen sammeln größere Mengen und pumpen es unterirdisch zum Gewichtsausgleich hin und her. Immer wenn ein Flugzeug im Osten landet, ist der Tank der westlichen Tankstelle voll. Wenn es mit Touristen wieder abhebt, bekommt die Tankstelle in der Inselmitte mehr ab.

Die motorisierten Touristen versuchen, genau zum richtigen Zeitpunkt etwas abzuzapfen. Daher kennen Touristen die Flugzeiten auswendig oder tragen einen Flugplan bei sich. Müssten sie aber nicht, denn die Tankstellen halten immer einige Reserven für Nottankfälle bereit.

Die Flugzeuge starten und landen nach einem festen Zeitplan, damit die Pumpen und die Touristen rechtzeitig am richtigen Ort stehen. Nur ein Streik bringt alles durcheinander, oder ein Vulkanausbruch. Aber nie beides zur gleichen Zeit. Denn was bringt ein Streik, wenn sowieso der Vulkan ausgebrochen ist? Streiken ist neuerdings in Mode gekommen, als letztes Mittel, sagen die Gewerkschaften. Gewalt ist zum Glück heute kein letztes Mittel mehr. Was Georg W. Bush nicht gewusst hat, der Ahnungslose. Er hat eindeutig die falschen Einsager gehabt.

Das führt mich zu zwei anderen wichtigen Themen: den Plastiksackerln im Flugzeug und den Quallen. Heute müssen wir Plastiksackerln im Flugzeug mittragen, damit die Flüssigkeiten nicht ausrinnen und das Flugzeuginnere verdrecken können. Plastiksackerln im Meer werden von Schildkröten mit Quallen verwechselt, bekommen ihnen aber nicht. Quallen halten manchmal Versammlungen ab, wir nennen das Schwärme. Dann ist es wenig ratsam, mitten hindurchzuschwimmen. Die Quallen schießen dann Pfeile ab, wie es sie Poseidon gelehrt hat. Dreizackige, schwer wieder aus der Haut zu entfernen. Besser um sie herumschwimmen und die Versammlung nicht stören.

Warum das Ganze

Jetzt stellt sich natürlich die Frage nach dem Warum. Warum kommt es zu einem Gleichgewichtsproblem auf den Inseln? Und warum werden Inseln überhaupt von Touristen heimgesucht, die dann ein so komplexes Verteilungssystem erforderlich machen?

Der wohl wichtigste Grund ist die Entlastung des Heimatlandes. Schon vor Jahrzehnten wurden in Schulen sogenannte Ferien eingeführt, also Zeiten, zu denen die Schüler vom Schulbesuch vollständig ausgeschlossen wurden (die Lehrer durften weiter in die Schule gehen, taten es aber nicht), um der Bevölkerung einen kollektiven Ortswechsel zu erleichtern. Die Heimat kann sich in den Ferienmonaten vom Gewicht seiner Bevölkerung erholen, das Land lebt auf.

Der hereinströmende Tourismus wirkt dem allerdings wieder entgegen, er ist aber zwingend notwendig, um wieder andere Länder vom Gewicht seiner Menschen zu erleichtern.

So musste also zum Schutz der Heimatländer der Touristen eine Gewichtssystematik auf den Inseln entwickelt werden – eine Art moderner Kolonialismus, denn es ist nicht wissenschaftlich verbrieft, dass die Inseln die Saisontouristen auch aufnehmen wollen. Die Inseln wurden einfach nicht gefragt.

Ein zweiter wichtiger Grund ist die Gewohnheit. Denn wer nur das sieht, was er gewohnt ist, wird irgendwann gewöhnlich. Spätestens dann muss er aus seinem Alltag ausbrechen. *If you are on Earth – travel.* Nur Menschen, die anderen etwas zuleide getan haben, dürfen nicht ausbrechen. Allen anderen ist es vergönnt, natürlich freiwillig, dem Alltag ade zu sagen und sich zu neuen Ufern aufzumachen.

Ufern? Ja, Ufern. Die Menschen nehmen das wörtlich und brechen zu den Küsten auf, und auf Inseln gibt es davon nun einmal am meisten, quasi rundherum.

Es ist einfach praktischer, wenn man von einem Standort aus in egal welche Richtung geht und immer zu neuen Ufern kommt, als aufzupassen, in welche Richtung man losstartet und unter Umständen Gefahr zu laufen, an einem hohen Berg im Landesinneren zu zerschellen, was keinerlei stabilisierende Wirkung hätte. Auch deshalb also sind Inseln so beliebt.

Wer über das nötige Kleingeld verfügt, kauft sich eine. Damit hat der Inselinhaber aber eine Verpflichtung mitgekauft und muss fortan dafür sorgen, dass die Insel ein Gleichgewichtssystem besitzt. Was in der Praxis bedeutet, dass er die Insel zeitweise von seinen Bewohnern befreien muss.

Zu diesem Zweck betreibt der Inselchef am besten ein Reisebüro. Keine Insel ohne Reisebüro also. Oft sind es mehrere, damit der Ausgleich auch sicher zu bewältigen ist. In Österreich gibt es pro 3.200 Einwohner ein Reisebüro.

Dass der Staat im Grunde heilfroh ist, wenn seine Bewohner das Land verlassen, zeigt sich auch darin, dass im Ausland gekaufte Waren steuerfrei erworben werden können. Es gibt zwar auch eine Einfuhrsteuer, aber die wird großzügig umgangen. Wer seinem Land nicht den Nutzen der zeitweiligen Gewichtsreduktion verschafft, muss mehr zu Hause kaufen und zahlt mehr Steuern.

Auch der Umstand, dass sich immer mehrere Millionen Menschen zugleich in Flugzeuge gepfercht in der Luft befinden, wirkt als Nebeneffekt erleichternd auf die Ländereien.

Zusätzlich werden Waren tonnenweise per Luftfracht verschoben und nicht etwa auf Ochsenkarren. Diese technologische Entwicklung war notwendig, denn sonst gäbe es unglaublich viele Ochsenkarren, die von der Erde nicht mehr getragen werden könnten. Schon die Indianer wussten um das Problem sehr gut Bescheid und haben ein jährlich exakt berechnetes Kontingent an Büffeln mit Pfeil und Bogen sowie mit einer Hacke erlegt. Doch die Zeiten haben sich geändert. Die Zeit vergeht nämlich, muss sie auch, sonst wäre es ja keine Zeit, sondern Plastik.

Unsere Inselbesucher haben es sich angewöhnt, mindestens 20 Kilogramm Freigepäck mitzunehmen. Manches nützt sich dabei ab, verbleibt auf der Insel und wird später verbrannt. Nicht auszudenken, wenn alle diese Sachen in den Wandschränken vergammeln und unnötigen Druck auf die Erde erzeugen würden.

Sie sehen, der weltweite Massentourismus ist also immens wichtig für das Gleichgewicht der Erde.

Heute läuft das ganze System noch über GPS-Daten und beruht auf Schätzungen im Pentagon, aber schon bald werden alle erwachsenen Menschen (Kinder fallen nicht ins Gewicht) einen Google-Chip implantiert tragen, unter der linken Achsel oder beim großen Zeh. Dann wird das System sehr genau sein und es wird endlich keine Vulkanausbrüche mehr geben.

Raus aus dem Meer

Nach diesen grundsätzlichen Erläuterungen und tiefschürfenden Erkenntnissen stellt sich nun die Frage, warum überhaupt Gewicht von der Erde genommen werden muss.

Die Antwort ist ebenso logisch wie einleuchtend: Damit die Erde steigt, sich aus dem Meer erhebt und nicht in ihm versinkt. Siehe Venedig. Wegen der Erderwärmung steigt nämlich der Meeresspiegel beständig an.

Und im Übrigen frage ich mich, wie lange sich die Menschheit das unwürdige Kontrollprozedere auf Flughäfen unter dem Vorwand des Terrorismus noch gefallen lassen wird. Warum muss man bei heutiger Technologie noch mit langsam hinuntergleitender Hose durch ein kastenförmiges Gerät gehen, nur weil eine mäßig sympathische Dame von ergreifender Schlichtheit – noch dazu mit aufgepickten glitzernden Fingernägeln – dem unbedarften Fluggast das Wort »Giatl« entgegenschleudert? Ist das alles, was das 21. Jahrhundert zu bieten hat?

Da waren ja die Zeiten des sich Duellierens würdevoller. In Domodedovo gibt es den Körperscanner schon lange. Ist mir doch egal, wenn die Tante feststellt, dass ich Linksträger bin. Soll sie doch auch ihren Spaß haben. Schetzko jedno. (Danke, Ute.)

Ich bin aber sicher, dass nicht alle so freizügig denken wie ich und dass auch deshalb die ortsveränderungswilligen Menschen lustvoll im eigenen PKW ans Meer strömen – auch wenn dabei ihr Bewegungsradius drastisch eingeschränkt bleibt.

Die ökologische Bedeutung

Jetzt zum ökologischen Gleichgewicht und zur umweltpolitischen Bedeutung des Massentourismus.

Ja, das ist ein noch immer ungelöstes Problem, denn wir wissen heute, dass der CO2-Ausstoß letztlich zum Absinken der Erdoberfläche führt. Und schuld ist diese elendige Raucherei.

Der übermäßige Tabakkonsum im letzten Jahrhundert ist mit ein Grund für das Verschwinden Venedigs und der Malediven von dieser wunderschönen Erde. Bis das Rauchen aus der Mode kam, mussten Jahrzehnte an Forschung vergehen, heute weiß man es besser und verbietet es an allen Orten.

Venedig ist Gott sei Dank zur Hälfte wieder aufgetaucht, die Malediven zu einem Viertel.

Weiters ist der Verkehr schuld. Deshalb wird in Zukunft jeglicher Verkehr zero emissionsmäßig ablaufen, gleichzeitig wird jedes Auto samt seinen Insassen gewichtsneutral und mit halber Schallgeschwindigkeit düsen.

Wie das? Ganz einfach: Entlang und über den heutigen schmutzigen Autobahnen werden Transrapid-Schienen montiert (www.transrapid.de, www.thyssenkrupp.com).

Will zum Beispiel ein Wiener Tourist am Wochenende einen Stadtbummel in Paris genießen, dann fährt er am Stadtrand über eine Rampe auf einen Deltaflügel mit Red-Bull-Logo unten draufgepickt. Sein Auto verhakt sich automatisch am Flügel, der Flügel klickt sich selbstständig in ein Transrapid-Transportmodul und beschleunigt auf 550 km/h. Der Flügel erzeugt Auftrieb, das Auto fliegt samt jodelnden Insassen auf dem Flügel berührungslos, weil es magnetisch in Wellen nach Paris gezogen wird. Dies geschieht acht Millimeter über dem Erdboden. Damit gewichtslos, die Erde vollkommen entlastend.

Tausend Kilometer werden in weniger als zwei Stunden zurückgelegt, der Bummel kann beginnen.

Das Auto parkt derweil direkt an den Champs-Élysées. Der Wiener macht davon ein Foto als Beweis für die Daheimgebliebenen. Beim fünfstündigen Diaabend mit Verwandten wird er es dann genüsslich vorführen.

Und wie soll das CO_2-neutral funktionieren? Auch das ist leicht zu beantworten. Die Leitschiene ist überdacht, auf dem Dach befinden sich Solarzellen und Windgeneratoren, die den nötigen Strom für die Antriebsmodule erzeugen.

Die verlässlichste Wetterfee ist die Mitzitant, beklagt sie sich doch ständig über das Wetter: Ist es zu heiß, klagt sie, ist es zu windig, jammert sie ebenso. Von ihr weiß ich, wann das Wetter für die Stromerzeugung passt. Nur für die Mitzitant passt es nie, aber die bleibt ohnehin in ihrem Grätzel, solange der Billa nicht zusperrt.

Entlang der Strecke generieren unzählige Landwirte Biotreibstoffe und erzeugen daraus Strom mittels einer neuartigen Staustrahlturbine von Erich Hager, den sie direkt ins CarFly-Netz einspeisen (www.innovatives-graz.at/staustrahlturbine). Die Energiebilanz ist eine noch nie dagewesene. Sogar aus den Abgasen der Kläranlagen der Gemeinden entlang der Strecke wird mit dieser Turbine umweltfreundlicher Strom erzeugt. Photovoltaikgenossenschaften liefern zusätzlich Strom.

Später einmal wird es vielleicht möglich sein, dass auch die Furze der Bewohner aufgefangen und der freundlichen Stromerzeugung zugeleitet werden können. Jedem seine Turbine im Hintern. »Gefurzt wird allzeit auf die Nacht / und immer so, dass es brav kracht.« (W.A. Mozart)

Warum die Südsteirer die schnellsten Taucher sind

In der Südsteiermark gibt es so viele Teiche und kleine Seen, dass das ganze Wasser – auf einen einzigen See umgelegt – fast so groß wie das gesamte Mittelmeer ist. Vor mehr als hundert Jahren haben die Bewohner der Südsteiermark damit begonnen, in Erdvertiefungen Wasser einzulassen und in diesen Fische zu züchten, um den kargen Speiseplan ein wenig aufzufetten. Weil das so erfolgreich war, wurden sogar Dämme errichtet, um dadurch künstliche Erdvertiefungen zu schaffen und so noch mehr Fische großziehen zu können, mit dem Ziel, sie im Erwachsenenalter gnadenlos zu verzehren.

Schon bald merkte man, dass die Fische zwar eifrig in die Angelhaken beißen, nicht aber in tauchende Menschen. Die Fische hatten erkannt, dass sie von diesen mit Gummi überzogenen unbekannten Wesen mit Futter versorgt wurden. Sogar die in die Gewässer eindringenden Taucher waren für die Fische völlig tabu.

Und so begannen die Südsteirer, in großen Gruppen zur Abkühlung in den Teichen zu tauchen. Es entwickelten sich bald Schnelltauchwettbewerbe, eine bestimmte Länge (meist genau die des Teiches) musste so rasch wie möglich unter Wasser zurückgelegt werden. Weil praktisch kein Teich dem anderen in seinen Ausmaßen gleicht, existiert pro Teich ein Weltmeister. Der Schnelltauchrekord in einem 67,40 Meter tiefen Teich wird von einem heute Achtzigjährigen gehalten. So viel zur ewigen Jugend.

Dank des Fischreichtums wuchsen gesunde und kräftige Südsteirer heran, die für eine Abwechslung zur Fischkost gesorgt haben. Man stieß z. B. auf Bohnen, genauer: die gemeine Käferbohne. Diese wird noch heute in vielen verschiedenen Varianten (VVV) zubereitet, hat aber eine unangenehme Nebenwirkung: Sie bildet Gase im Inneren des Südsteirers, die mit lautem »Hurra« entweichen. Diese Nebenwirkungen treten aber erst Stunden nach dem Verzehr auf, sodass man die Jause zwar ungestört genießen kann, sich später aber etwas Zeit für sich nehmen sollte.

Eine Möglichkeit dafür bildet ein Schnelltauchgang in einem der zahlreichen Teiche.

Heute gibt es in der Südsteiermark die meisten Weltrekordhalter im Schnelltauchen. Alle sehr berühmt, aber Namen darf ich leider nicht nennen, weil ansonsten die Titel aberkannt werden würden. Es ist nämlich so, dass die Südsteirer die Rückstoßwirkung der Bohnen sehr erfolgreich mit dem Schnelltauchen zu verbinden verstehen, was aber vom ISTV (Internationaler Schnelltauchverband) als unerlaubtes Doping gewertet werden würde.

Rekordversuche finden heute meist nachts an abgelegenen und bereits abgefischten Teichen statt, es herrscht zudem strengstes Rauchverbot. Kürzlich wurde auch ein absolutes Grillverbot ausgesprochen, was dem Bestand der Fische zugute kommt.

Das Sterben der Greissler

Zuerst haben die Greißler zugesperrt, dann ist der Billa gekommen, und heute gibt es in jedem Dorf einen Supermarkt. Bald wird der Kater-Billa kommen, der sie alle niedermäht. Die Greißler der Zukunft sind nämlich die Outlets, die den Billas arg zusetzen werden. In jedem Kaff wird eines auf den angrenzenden Kleefeldern aufgestellt. Das wird ein Gejammere, wie beim großen Post-Sterben, das schon begonnen hat.

Zu viel Gewicht in den Packerln, die Erde muss entlastet werden. In den vielen Postämtern schlummern tonnenweise versumperte Packerln, die Erde kann doch nichts dafür, dass die Leute ihr Pakete nicht abholen. Und kein Postler kommt auf die Idee, dass in irgendeinem vergessenen Packerl vielleicht eine Giraffe steckt, die dringend einen Dornenbaum entblättern müsste, ihn mit ihrer langen Zunge abschlecken, seine Stacheln stumpfschlecken, damit die Affen nachher darauf herumhüpfen können.

Elefanten fressen die Stacheln, die Nashörner nicht, was später am Ausgeschiedenen deutlich zu sehen ist. Wo Elefanten sind, dort liegen schwere Kackbälle herum. Das hat Südafrika zur Abhaltung der WM inspiriert. Mehr gibt es über Fußball nicht zu sagen.

Die Postler haben ausgerechnet, dass die Erdoberfläche durch den Wegfall von 300 Ämtern in Österreich um 0,00000001 hoch 10 Millillillillimeter steigen würde. Da haben sie keine Alternative gesehen, sagen sie. Ich vermute aber auch, dass wirtschaftliche Gründe dahintergesteckt haben.

Es müssen sich also die Autobahngesellschaften, Transrapid, Siemens (www.siemens.de), Nanosolar (www.nanosolar.com), Qpunkt (www.qpunkt.at), Makani Power (www.makanipower.com), Kitegen (www.kitegen.com), Joby Energy (www.jobyenergy.com) und Red Bull (www.redbull.at, wegen dem Marketing und dem Logo) zusammentun und das System auf die Erde setzen, wobei die Stahlindustrie (www.stahl-online.de) auch ein Wörtchen mitreden wird. Die Firma Kovac Stahl (www.kovac.com) besitzt Kompetenz in Stahl, hat sogar die Murinsel gebaut, da ist CarFly ein Klacks dagegen. Und Solar Roadways, eine geniale Idee (www.solarroadways.com), Google muss auch dazu, wegen der Vermessung der Welt (www.google.com). Intelligente Fassaden- und Dachelemente samt Energiegewinnung könnten von der Firma Fibag entwickelt werden (www.fibag.at).

Die Schiene wird aus Leuchtbeton gefertigt und ist nachts vom All aus zu sehen. Es ist das größte Bauwerk der Geschichte der Menschheit und verweist die Chinesische Mauer auf Platz zwei.

Die neue Eiszeit

Sobald CarFly läuft, wird sich die Erde wieder abkühlen, der Druck wird von der Erdoberfläche genommen. Zur Abwechslung steht uns dann eine neue Eiszeit ins Haus. Der jetzt immer zu heiße August gehört dann der Vergangenheit an.

Wir lernen wieder Langlaufen und verlernen das Raunzen über die Hitze. Alle kriegen wieder einen kühlen Kopf und behalten ihn. Venedig und die Malediven sind aus dem Schneider. Venedig steht so hoch über dem Wasser, dass man es mit Manhattan verwechseln könnte. Jetzt, wo die beiden Türme weg sind.

Wie schon der allseits bekannte TV-Kommissar Kottan zu seinem einfältigen Mitarbeiter Schrammel sagte: »Schrammel, waßt wos a Vakuum is?« Darauf Schrammel: »I hob's im Kopf, oba es foit ma grod net ein.«

Unter den überdachten Autobahnen fahren die Mopeds, sonst wären sie ja nutzlos. Schneeräumung erübrigt sich, Salzstreuung ebenso. Millionen Tonnen weniger Salz in die Landschaft gedüngt, jeden Winter. Die Mopeds haben alle ein Coca-Cola-Pickerl auf dem Tank – weil noch mehr Red-Bull-Werbung untragbar ist, sagen sie in Atlanta in einem Wolkenkratzer (www.coca-cola.com).

Der Marktwert von Coca-Cola steigt mit der Anzahl der Mopeds auf den Autobahnen, also sprunghaft. Die Mopeds fahren höchstens 60 km/h, und das auch nur die illegalen, weil sie vom Sog der Deltaflügel mitgezogen werden.

Dabei können sie in Ruhe die Wahlplakate am Straßenrand betrachten, sogar das Kleingedruckte wird mitgelesen, seither drucken die politischen Parteien alles, was zu verkünden ist, auf die Plakate entlang der Autobahnen. Das Geschrei auf den Hauptplätzen in die kleinen Zuschauermengen ist ihnen zu anstrengend geworden. Kundgebungen wurden zuerst abgeschafft, dann verboten. Nicht umgekehrt.

Kein Politiker soll mehr öffentlich lästig sein dürfen, zudem wäre viel zu viel Gewicht auf dem Platz, der könnte kippen. Die Leute fahren mit ihren Mopeds sonntags auf die Autobahnen, wenn sie nicht wissen, wen sie nächstens wählen sollen. Theoretisch könnten sie auch im Internet nachlesen, aber dieses Medium ist schon wieder out. Wahlkampf sowieso. Die Plakate stehen auch deshalb noch an der Autobahn, damit es im Winter weniger Seitenwind und Schneeverfrachtung gibt, es ist ja Eiszeit. Auch im Sommer ist Eiszeit. Da aber mit Geschmack.

Die Mopeds werden ebenfalls durch Strom angetrieben, sie sind die Nachfahren der Elektrofahrräder.

Auch Segways sind für die Autobahnen zugelassen, so wie Einspänner und in manchen Ländern Elefanten. Kühe nur dort, wo sie heilig sind. Nashörner nicht, die sind rüpelhaft wie Kontrollorinnen, können sich den Mopeds gegenüber nicht benehmen, die Viecher, und lassen überall ihren Dung zurück, und die Segways rutschen auf ihm aus. Das ist gefährlich.

Das Los der Kühe ist außerhalb Indiens ein kulinarisches. Filet Wellington, Churrasco, Gulyas, Wiener Schnitzel, Florentiner, Boeuf Stroganoff, um nur ein paar Lose zu nennen. Obwohl Kühe ein Los haben, gewinnen sie trotzdem niemals im Lotto. Schade für die Kühe. Das Los der Nachtfalter kenne ich nicht, sie werden aber auch eines haben. Ungewiss ist, was mit den Kühen in Indien passiert, wenn sie umgefallen sind, vermutlich gehen sie den Weg alles Indischen. Alles Wissen der dahingeschiedenen Kühe geht verloren, nicht auszudenken, es würde vollständig an die Nachkommen übertragen, seit Anbeginn der Kühe. Die Kühe wären heute schlauer als die Menschen. Gibt es denn eine Rasse, die dazu in der Lage ist? Warum sollte es nicht irgendwo im unendlichen Universum intelligente Lebewesen geben, deren Wissen von einer Generation zur anderen nicht verloren geht?

Oder mitten im Golfstrom. (Frank Schätzing. Der Schwarm. Kiepenheuer & Witsch, 2005.)

Spazierende Möwen sind ebenfalls nicht zugelassen, zu langsam. Dodos schon, weil sie nicht fliegen können, die haben eine Ausnahmebewilligung, es gibt sie aber kaum.

Wer einen gesehen hat, der soll das bitte umgehend der zentralen Dodoerfassungs- und -wiederbelebungszentrale in Port Luis melden. Man spricht Deutsch auf Mauritius.

Anderen Vögeln wurde die Benutzung der Autobahn mittels Eil-Depesche im Twitter schon kurz nach Fertigstellung der ersten CarFly-Teilstrecke untersagt. Davor sind einige Vögel im Landeanflug in arge Turbulenzen geraten, manche mussten durchstarten. So schnell kommt der Deltaflügel daher.

Twitter war immer schon das weltumspannende Kommunikationsmittel der Vögel. Erst viel später wurde es von Menschen genutzt. Der Name wurde praktischerweise gleich belassen und Twittern erlaubt heute die Kommunikation zwischen Menschen und Vögeln. Vögel stinken aufgrund steter Durchlüftung nicht unter den Achseln.

Ameisen haben keine Sonderbewilligung, sie nutzen die Autobahnen aber trotzdem, weil sie es lustig finden, wenn sie von einem Deltaflügel ausgehoben und hinweggefegt oder von Mopeds überfahren werden. Es gibt so viele von ihnen.

Das Campieren von Schnecken ist ausdrücklich verboten, die müssen zu Hause bleiben, sagt das Parlament. Haben auch keine Wahlberechtigung, die Schnecken, weil sie früher immer zu Hause geblieben und nie zu den Wahlen gegangen sind.

Pferde sind auf der Autobahn auch erlaubt. Hätte ich ein Pferd, würde ich es Neuburger nennen (www.neuburger.at).

Jetzt sind wir ein wenig abgeschweift in die Zukunft, zur kommenden Eiszeit. Zurück zur Erderwärmung.

Nächstes Kapitel

Fliegen wird dann niemand mehr. Außer über die großen Ozeane. Innerhalb der Kontinente wird jeder Weg mit dem eigenen Auto zurückgelegt. Die Tante am Flughafen wird ihren Job verlieren. Oje, so ein Pech aber auch. Ihre schrill lackierten Fingernägel kann sie sich dann abschminken. Sie wird nämlich Mopeds putzen und Cola-Pickerl aufkleben. Jetzt bin ich schon wieder abgeschweift.

Während der Eiszeit sind die Autobahnen beheizt und es finden alle zwei Monate Wahlen statt, damit die Plakatwände schön dicht mit Papier beklebt werden, Papier dämmt ausgezeichnet.

Das Holz wächst immer noch nach, weil auch die Wälder beheizt werden. Durch gelegentliche Waldbrände, die wiederum CO_2 freisetzen, wodurch sich die Eiszeit allmählich wieder in den Norden und Süden zurückzieht und der Normalzustand entsteht. Warm, aber im August nicht mehr so heiß.

Wahlen finden dann keine mehr statt, die Menschen sind demokratietechnisch so weit fortgeschritten, dass sie keine Politiker mehr brauchen. Die Plakatwände entlang der Autobahnen werden abgebaut, nachdem sie noch einige Zeit als Werbefläche gedient haben, aber von niemandem gebucht wurden, weil sich klassische Werbung nach der Eiszeit als nutzlos erwiesen hat. Nur Guerillamarketing wird betrieben, das aber dafür kräftig.

Die Mopeds fahren nun 70 km/h, legal, weil sie ja nicht mehr von blöden Sprüchen abgelenkt werden. Mit Helm natürlich und mit Bremsassistent und ESP.

Es gibt jetzt schon jede Menge Kühe auf den Azoren, jedoch wird es CarFly dort nie geben. Obwohl auf São Miguel gerade mit EU-Mitteln eine gemütliche Autobahn gebaut wird. Es hätte keinen Sinn, in nur einer Sekunde vom östlichen zum westlichen Ende der Insel zu gelangen, man könnte die Kühe nicht zählen. Zu den Azoren gelangt man auch in Zukunft per Flugzeug. Auf der Autobahn auf São Miguel sind immer nur Autos erlaubt. Auch Lastwagen.

Dort, wo es CarFly gibt, reisen Lastwagen auf speziellen Plattformen, die an einem Zeppelin hängen. Die Plattform ist über ein Stahlseil und eine Katze mit dem CarFly-Träger verbunden. Die Geschwindigkeit ist geringer, wenigstens 80, dafür aber konstant. Die Katze wird mit demselben Transrapid-System bewegt, nur oberhalb des Trägers.

São Miguel blitzt in der Sonne genauso grün wie Bali, nur dass es sich bei diesem Grün um Gras und nicht um Reis handelt. Das Gras wird von zahlreichen Kühen verspeist, die aber nicht heilig sind und daher nicht auf die Autobahn dürfen. Die CO_2-Bilanz der Inseln wird mit jeder Kuh schlechter, weil eine Kuh in ihrem kurzen Kuhleben bis zur vollständigen Verwertung (ihrem Los) so viel Treibhausgas auspupst wie ein Kleinwagen pro Jahr. Interessant, nicht? Wer hätte das gedacht.

Wenn das Wasser des Atlantik nicht mehr bei Grönland in die Tiefe gesogen würde, hätten die Azoren und ganz Europa ein Problem: die neue Eiszeit. Die Inuit könnten dann aber zumindest problemlos nach Griechenland paddeln.

Die Kühe auf den Azoren sind ziemlich feige, nur manche nähern sich neugierig. Ganz nahe kommen aber nur die kurzsichtigen. Bullen sind weniger scheu und gehen gleich in die Offensive, besonders dann, wenn sie ihren Mädels imponieren wollen und gamsig sind. Imponiergehabe ist stärker als Angst. Daher ist es gut, wenn sie an einer Kette hängen oder wenn ein elektrischer Zaun zwischen Mensch und Bulle in den Boden gerammt ist. Hoffentlich ist der Bulle nicht kurzsichtig, damit er den dünnen Draht auch sieht, bevor er ihn umrennt und vielleicht auf den Beobachter poltert.

Kühe lassen sich gerne fotografieren und halten still, sodass man in aller Ruhe den Ausschnitt (den der Landschaft samt Kuh, nicht den der Kuh alleine) fokussieren kann.

CarFly

Wenn der Akku leer ist, können die Mopeds an jeder beliebigen Stelle aus dem Transrapid/Siemens/Nanosolar/Google/Red-Bull-System, das nun den Namen CarFly trägt, Strom abzapfen. Und das funktioniert so: Sie werfen einen Euro über die linke Schulter in einen zur Verzierung hingestellten Trevibrunnen und greifen der Marmorbüste ins Maul.

Der Akku ist dann aufgeladen und reicht für die nächsten siebzehn Millionen Mopednanometer.

Strauße dürfen nicht auf die Autobahn, weil sie ständig fechten. Sie dienen lediglich zur Bespannung der Mopedsitze und sind dafür besonders gut geeignet, weil die Noppen im Leder die Popsche der Fahrer vorm Runterrutschen bewahren.

So hat also ein neues Transportsystem eine Eiszeit verursacht. Danach fliegen die Autos fast mit Schallgeschwindigkeit, tausend Kilometer in einer Stunde. Von London nach Budapest in zwei Stunden, von Stockholm nach Rom in drei.

Cabrios müssen das Verdeck schließen, sonst fliegt der Pepi weg. Mopeds fahren dann 80, später 90, 110 km/h. So schnell fährt heute kein Porsche in den USA.

Die Autos bleiben unter der Schallmauer, wegen der Trommelfelle der Fahrer, die sie brauchen, um die hupenden römischen Vespas, die überholen wollen, zu hören. Auch die hupenden Römer brauchen ihre Trommelfelle, zum Plaudern am Straßenrand in Rom.

Und zum Schimpfen auf die Neapolitaner und auf Berlusconi, der schon wieder regiert. Jetzt mit Pepi. Das letzte Jahr dann ohne Pepi, weil er das Verdeck von seinem Ferrari zu schließen vergessen hat.

Jahrzehnte später dann, hat er endgültig die Lust verloren, auch am Regieren, ist zurückgetreten und wurde eingesperrt, weshalb er nicht mehr zum Druckausgleich auf seine Insel fliegen darf. Seine Insel? Ach ja, Sardinien gehört ihm inzwischen ganz, das Gesetz ist mit knapper Mehrheit im Parlament durchgewunken worden.

Nur in Italien gibt es noch ein Parlament mit Politikern, denn demokratietechnisch ist Italien komplett zurückgeblieben. Dort braucht es wohl noch eine Eiszeit.

Aber sonst ist es immer noch schön in Italien, das bleibt ewig so (»… diese verdammte Ewigkeit«, gesungen, in »Tanz der Vampire«). Genau wie in Rom. Nur Venedig schwächelt schon wieder und droht, was aber eher an den lockenden Bauaufträgen liegt und offiziell mit den Touristenmassen begründet wird. Die sind dort tatsächlich wieder sehr zahlreich und schieben sich selber durch die Gassen auf den Canal Grande zu, vorbei an der Rialto, noch schnell im Vorbeischieben einen Fisch verspeist und rauf auf die Piazzale Roma und rein in den Autobus und ab nach Dresden.

Die Frauenkirche anschauen, wo grade ein Konzert mit Chor aufgetragen wird, wofür man ebenfalls sein Trommelfell benötigt. Sonst hätte es keinen Wert und die Eintrittskarte wäre umsonst gekauft. Kein Rückgaberecht bei Gehörschaden.

In klassischen Konzerten spüre ich oft Unsicherheit, weil ich nicht weiß, wann ich klatschen soll und wann nicht. Gut, dass es Claqueure gibt. Jedenfalls ist es leichter, in einer Linienmaschine der Thai Airways (www.thaiair.com) anlässlich ihrer Landung einen allgemeinen Applaus einzuleiten. Das Publikum in einem Konzertsaal ist dafür weniger geeignet.

In Skiathos gelandet

CarFly bringt mich im Nullkommanix von Dresden nach Volos, von wo ich die Fähre nach Skiathos nehme, lande und vorsichtig den Fuß auf die Kaimauer setze, damit die Insel nicht kippt. Ich bin faul geworden, hab zugenommen, bin schwer.

Nach mir wird auch mein Auto auf die Insel gesetzt. Als ein LKW die Fähre verlässt, werden Ausgleichstanks am anderen Ende der Insel mit Meerwasser geflutet. Allerdings liegt die Insel jetzt schon sehr tief im Wasser, es ist Hochsaison.

Ich fahre über das Land, die Gänge reingewixt, dass es kracht, schalte von Allrad auf Hinterradantrieb, damit es besser driftet. Ich verteile mich automatisch auf die Insel, niemand fragt mich nach dem Weg.

Ich setze mich in Kehria an den Strand. Er ist der entlegenste Ort der Insel, und trotzdem erreicht man von dort aus jeden anderen in dreißig Minuten.

Ein schöner Platz, Kehria, stelle ich fest und will 1.397 Tage bleiben.

Ich bestelle einen Illy-Espresso. »Warte«, sagt der Kehria-Tavernen-Wirt. »Ich muss erst den Generator, dann die Espressomaschine anwerfen, dann bekommst du deinen Illy-Espresso.« Ich glaube ihm und warte (und es passiert, wie er es vorhergesagt hat mit seinen Händen, weil ich es auf Griechisch nicht verstanden hätte).

Wieder ein Gramm weg von der Insel, denk ich mir. Im Magen zählt der Kaffee zu mir, nicht separat, sagt mein Google-Chip. Später wird er zur Kontrolle an der Straße von Troulos nach Koukounaries von hellblauen mediterranen Streifen-Chip-Polizisten eingescannt, von denen der eine einen Zahnstocher, der andere einen Rosmarinlutscher im Mund hat, die Knarre am Hüftgürtel baumelnd. Sie grinsen und wissen, dass ich gerade Kehria um ein Gramm erleichtert habe.

Auf einem prominent angetackerten vergilbten Foto direkt vor meiner Nase sitzt der Wirt stolz auf einem Haufen Thunfische. »Selbstgefischt?«, frag ich ihn – auch mit Händen, weil Österreichisch hätte er nicht verstanden –, um ihm zu schmeicheln, damit er mir den Espresso auch schön ristretto kreiert, in seiner Bude, keine vier Meter vom Ufer. »Ne«, sagt er. Aber ich weiß mittlerweile, dass »ne« eigentlich »ja« bedeutet. Auch ohne Hände.

In Japan werden achtzig Prozent des Thunfisches der ganzen Welt gehandelt. Am größten Fischmarkt der Welt, dem Tsukiji Fischmarkt (www.tsukiji-market.or.jp).

Früher war Griechenland das Land des »grauslichen Gschloders«, heute heißt es Illyland. Marktlücke erkannt – erfolgreich genutzt, gratuliere.

Kaffee wird üblicherweise im Café getrunken. In meinem Lieblingscafé belausche ich zwei Damen reiferen Alters. Die eine liest aus der Zeitung und sagt: »Botox glättet die Falten und lähmt das Gehirn, steht in der Zeitung drin. Ja schau di an.« Worauf die zweite antwortet: »Kalt ist es draußen.« (Café Lex, Stainz, im Oktober 2010, www.cafelex.at)

»I bin jo guat mit eam, oba da Dittlinger Fritz is unterm Strich a Oaschloch«, sagt Hannes nach der ersten Flasche Welschriesling in der Buschenschank Schneiderannerl (www.schneiderannerl.at).

Schon nach wenigen Minuten finde ich zwei Freunde, zwei Griechen, als ich auf meiner blauen Luftmatratze im Wasser hänge. Die beiden gesellen sich zu mir, als wäre ich ein Stammtisch, und dirigieren mich mit drei englischen Worten durch die Gegend. Die drei Worte sind »Yes«, »No« und »Nothing«. Unterstützt durch Fingerzeig. Ich merke bald, dass es die beiden nicht auf mich, sondern auf meine Luftmatratze abgesehen haben. Aber da ist es schon zu spät.

Ich muss mein Schiff aufgeben, habe nicht einmal Zeit, es selbst zu versenken. Zwei gegen einen, da hat man keine Chance – schließlich sind die beiden schon vier.

Ich bestelle Krake zum Lunch. Sie kommt in unfassbarer Größe daher und droht, mich anzusaugen und auf den Grund des Meeres zu verschleppen, um mich dort bei lebendigem Leibe vergammeln zu lassen. Je mehr ich von ihr verspeise, desto geringer ist die Gefahr, die von ihr ausgeht. Zur Krake trinke ich ein Mythos, es passt. Hellenic Lager Beer (www.mythosbrewery.gr).

Am zweiten Tag frage ich gleich nach einem Illy-Espresso ristretto. Der Wirt erklärt mir, dass er zuerst den Generator, dann die Kaffeemaschine anwerfen muss, dann könne ich den Illy-Espresso haben. Ich höre zu und warte. Ab dem dritten Tag warte ich, bis ich den Generator laufen höre. Ich bekomme meinen Kaffee ohne jede Erläuterung. Der Wirt erspart sich das Gespräch. Das mit dem Thunfisch weiß er, und auch, dass ich es schon weiß. Der Illy-Espresso ist ristretto.

Am vierten Tag ist starke Brandung und es ist laut. Ich kann nicht hören, ob der Generator schon läuft und bestelle einen Illy-Espresso. Ich erhalte ausführliche Erklärungen. Später suche ich nach Kieselsteinen, lasse sie aber an Ort und Stelle liegen, weil ich das Gleichgewicht der Insel nicht in Gefahr bringen will. Nach einigen Tagen stört mich aber das Durcheinander und ich repariere den Strand. Ich räume auf, schlichte alle Steine. Es gefällt mir wieder. Abends fahre ich in die Chora. Es locken die Tavernen, ich sehe den Leuten auf die Teller. Wo mir gefällt, was ich sehe, esse ich.

Nur keine Empfehlungen

Empfehlungen sind immer subjektiv. Hüten Sie sich vor Empfehlungen und den daraus resultierenden überzogenen Erwartungen.

Die empfehlenswerteste aller empfehlenswerten Tavernen in Skiathos trägt den Namen »1901«, einen richtigen Namen hat sie nicht. Man kann sie sich für einen besonderen Anlass aufheben, für eine fremde Hochzeit oder für die eigene Taufe, oder einfach nur zur Stilllegung des Hungers. Man muss aber nicht. Diese Taverne (www.skiathos1901.gr) kocht delicioso, wie die Inuit sagen würden, wenn sie mit ihren robbenfellbespannten Kanus bis Skiathos paddeln würden. Das können sie aber leider nicht, weil ihnen der Golfstrom den Weg abschneidet. Wer in den Golfstrom gerät, kann sich bei Spitzbergen aufklauben gehen.

Bei der »1901« ums Eck, oberhalb auf einem kleinen Platz, auf dem in der Mitte ein Baum steht, befindet sich eine altmodische Taverne ohne eigene Website. Dafür singt ein Volksmusikant an einem der Tische schnulzige Lieder. Er hat den Tisch gewählt, von dem aus er die beste Akustik hat. Oder es ist der Tisch, den ihm der Wirt in seiner schroffen Art zugewiesen hat. Der Musikant lockt massenweise Touristen an, sicher wird er vom Wirt geschmiert. Gegen Mitternacht, wenn alle anderen Tische besetzt sind, muss er seinen Bühnentisch räumen und im Stehen spielen. Dann merkt man genau, dass er von den vielen Gästen als Belohnung zu viele Ouzos bekommen hat.

Auch in Griechenland gibt es Robben. Die monachus monachus. Und trotzdem paddelt kein Grieche in einem aus ihrem Fell bespannten Kanu, vermutlich, weil es nur wenige an sehr entlegenen Inselchen östlich von Alonnisos gibt, die zudem geschützt sind. Robben dürfen nicht auf der Autobahn Ball spielen. Zu Hause schon. Auch Sackhüpfen ist ihnen ausdrücklich verboten worden, das gehört sich nicht, sagt die EU. Zum Ausgleich wurden sie unter ihren Schutz gestellt. Niemand darf ihnen nachstellen, was eh niemand will, weil die fürchterlich aus dem Mund stinken. Schließlich haben sie alle kalte Fischreserven im Maul. Die Mönchsrobben heißen so, weil sie auf Inselchen leben, wo früher Außenstellen zur Nahversorgung des Klosters (mit Lebensmitteln) auf dem Berg Athos errichtet waren. Die Inseln gehören heute noch dem Kloster, dessen Nahversorgung nun aber outgesourced ist: an Billa. Diese Billa-Märkte beschäftigen natürlich nur männliche Kassiererinnen, sonst würden die Mönche auf dumme Gedanken kommen (www.mom.gr).

»Wieso ist das Leben kompliziert? Man wird geboren, man isst und schläft und kratzt ab.« (Könnte Garfield gesagt haben.)

Ich hatte vor, 1.397 Tage in Kehria zu bleiben. Musste mich dann aber zu einem noch kürzeren Aufenthalt durchringen. Nach ein paar Tagen hab ich nämlich bemerkt, dass ich mich selber mitgenommen habe. (Allain de Botton. Kunst des Reisens. S. Fischer Verlag, 2002.) Auch hätte ich mehrmals in Kehria überwintern müssen, alleine am Strand, was nicht nur wegen der Temperaturen eine Herausforderung gewesen wäre. Schon eine Nacht wäre für verwöhnte Pinkel wie mich nicht durchstehbar. Ich muss es an dieser Stelle zugeben. Ein Strand in Griechenland ist im Winter wie eine Almhütte in einem Schigebiet im Sommer: verlassen. Am 18. Tag langweilt mich das ständige Aufpassen auf das Inselgewicht und ich verlasse Skiathos.

Rüber nach Skopelos

Es geht nach Skopelos. Diese Insel ist etwas größer, daher auch stabiler im Gleichgewicht. Der Fährschiffmeister schert sich einen Dreck darum, als ich mit dem Auto lande. »Kalispera«, sagt er, und das hat nichts mit der Erdoberfläche zu tun. Die Fähren haben Kühlhäuser an Bord, aber eigentlich sind es Kühlräume, in denen die frischen Fische aus der Nordsee zwischenlagern, bevor sie auf die Tavernen der Inseln verteilt werden, streng nach Gewicht kalkuliert und abgerechnet. Die großen, schweren an die Küste, die mickrigen auf die Inselmitte. Hoffentlich werden sie noch am selben Tag gegrillt.

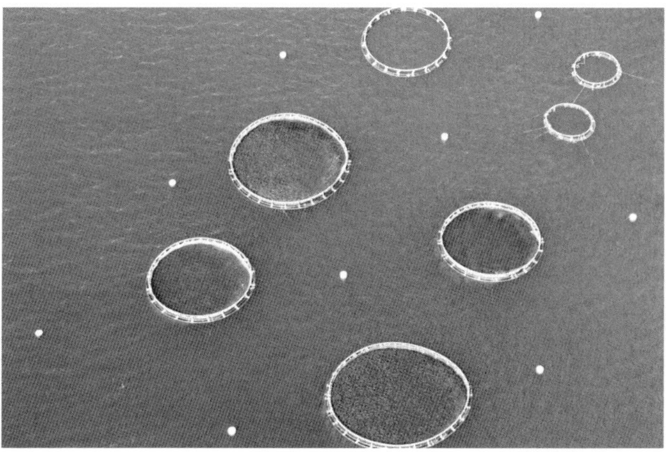

Fische dürfen nicht auf die Autobahn. Sie rutschen aus und fallen hin. Kraken hingegen dürfen sehr wohl, weil sie sich festsaugen können. Seeigel müssen sogar. Wale müssen nicht, dürfen, trauen sich aber nicht, weil sie sich vor den Ameisen fürchten.

Der Fährmeister tutet mir nach, als er wieder ablegt. In Glossa verspüre ich Hunger. Nach 18 Tagen das erste Mal, sonst hab ich immer gegessen, bevor ich Hunger hatte. Weil in Skiathos an jeder Ecke eine Taverne stand, eine original griechische. Ja, ungesund, ich weiß. Wohl wieder eine FDH-Diät fällig.

Ach ja, Skiathos ist ja ein Teil von Griechenland, deshalb.

Auf der halben Stunde Überfahrt von Skiathos nach Glossa stand keine Taverne, ich hatte also Hunger. In Glossa gibt es weniger Tavernen, Agnati heißt die auserwählte und entpuppt sich als die beste griechische Taverne zwischen Oberndorf und Tel Aviv.

Vor lauter Freude über das gute Essen schicke ich gleich vom Tisch weg eine Ansichtskarte an meine Schwiegermutter. Male das Essen drauf, weil ich immer noch nicht Griechisch kann. Schwiegermutti ruft sofort an, als sie die Ansichtskarte in ihren Händen hält. So schnell funktioniert heute die Post, seit 300 Niederlassungen geschlossen wurden. Ich bin noch nicht einmal mit dem Dessert fertig und habe den Illy-Espresso noch gar nicht bestellt, schon ruft sie an und fragt, was ich gegessen habe, denn sie konnte die Karte nicht lesen. Schönschreiben ist eben nicht meine Stärke.

Ich bete das Gourmetmenü herunter, sie ist zufrieden und legt auf. Ich bestelle den Illy-Espresso, mache gleich im Agnati ein Nickerchen, weil ich kurz glaube, dass ich in Tokyo bin. Dort schläft man überall, auch in der U-Bahn.

In Skopelos ist es heiß und schwül. Diese Hitze ist auf die übliche Augusthitze draufgesetzt, es ist also jahrhundertheiß. Die statistischen Durchschnittstemperaturen der letzten achthundert Jahre bestätigen meine Vermutung. Manchmal ist der Durchschnitt eben besser als das Extreme.

Zur Abkühlung steige ich ohne Krake und freiwillig ins Meer, lasse mich in die Mitte zwischen Skopelos und Skyros treiben und, sobald ich abgekühlt bin, auch gleich wieder zurück. Der Meltemi macht es möglich.

Der Meltemi bläst mir scharf ins Gesicht, sobald ich es ihm zuwende. Er hat aber auch mit meiner Rückseite keinerlei Berührungsprobleme. Der Meltemi transportiert übelriechende Schwitzdünste der Touristen in die Stratosphäre (www.redbullstratos.com), wo sie von zufällig vorbeifliegenden Boeings zerstäubt werden. Die Schwitzmoleküle fallen dann über den Polkappen als Schnee wieder aus den Wolken und bleiben dort so lange tiefgefroren im

Eis, bis in etwa 3.000 Jahren ein russisches Forscherteam eine Bohrprobe nimmt, chemisch aufschlüsselt und wissenschaftlich feststellt, dass es der Schweiß verblichener Touristen ist. Ausgedünstet bei 38 bis 47 Grad und vom Meltemi in die Stratosphäre verfrachtet. Man kann jetzt schon sagen, dass die Forschungsergebnisse der Russen in 3.000 Jahren zutreffend und zudem von besonderem Wert sein werden.

Die Schwitzforschung wird außerdem in der Lage sein, den Zeitpunkt und den Ort des Austretens des Schwitzmoleküls aus der menschlichen Pore auf die Minute und den Quadratmeter genau festzulegen. Das ist heute noch nicht der Fall. Nicht einmal vorstellbar.

Heute interessiert uns das auch noch nicht so genau, wir nehmen das Verlassen eines Schwitzmoleküls kaum bewusst wahr.

Die Königin von England schwitzt nie.

Diverse Sträusse

Und zwei Wale.

Der Meltemi

Der Meltemi bläst in der Hochsaison besonders kräftig. Manchmal stärker, manchmal schwächer, je nachdem, wie viel gerade an Schwitzmaterial abtransportiert werden muss. Starke Schwankungen bezeichnen wir als Böen, die von den Seglern nicht sehr gemocht werden.

Oft gelingt es dem Segelmeister nicht, die Segelfläche in derselben Geschwindigkeit wie das Auf und Ab der Böen zu vergrößern oder zu verkleinern, sodass die Geschwindigkeit des Bootes unverändert bleibt. Manchmal kentert ein Segelboot auch, wenn es zu schnell geworden ist. Es christelt ab, beinahe so, wie wir es von der Skipiste her kennen. Da bleibt dir das Schwimmen nicht erspart. Und Schwimmen sollte man schon können, man weiß ja nie, ob man vom Segelschiff nicht doch ins Wasser fällt.

In den 70ern, unter sozialistischer Alleinregierung in Österreich, wurden in sämtlichen schwarz regierten Gemeinden Hallenbäder an die in den 60ern errichteten Turnhallen der Hauptschulen angebaut, manchmal auch freistehend, manchmal mit kombiniertem Freibad, um den aktuellen und allen künftigen Kindergenerationen im Turnunterricht das Schwimmen beizubringen. Damit niemand mehr am Wandertag und beim Segeln ersaufe.

Die Hallenbäder sind per heute alle schon mindestens zwei Mal renoviert, manche sind sogar verlängert worden (www.oberndorf-noe.at). Das Wasser hat immer 28 Grad, die Tafel, auf der die aktuelle Wassertemperatur für alle Besucher steht, die sich eventuell noch überlegen, doch nicht ins Wasser zu hüpfen, muss nie umgeschrieben werden. So wird das Hallenbad nicht mit Kreide verdreckt.

Der Bundespräsident hängt im Hallenbad nicht aus, weil es zu feucht für ihn wäre. In den Klassen lacht er jedoch von der Wand und muss gelegentlich nach einer Wahl ausgetauscht werden. So ein Tausch kann sich in die Länge ziehen. Es kommt vor, dass der Klassenlehrer schon lange vom neuen Bundespräsidenten erzählt, die Schüler aber noch den alten an der Wand hängen haben.

Segelboote nutzen den Wind, um vorwärts zu kommen. Segeln sie einmal rückwärts, dann wahrscheinlich zum Einparken in eine Parklücke, oder es handelt sich um einen Manöverfehler. Halse im Rückwärtsgang. Segelschiffe müssen beim Einparken aufs Echolot achten, sie könnten sonst vom Kiel aufgebockt werden, dann liegen sie schief und können zur Tarnung gleich wieder die Segel setzen, dann glauben die Zuseher, das gehöre so. Die Segler gehen dann zum Dinner an Land, auf schiefer Tischplatte isst sich's unbequem.

Der Kiel dient den Segelschiffen zum Temperaturausgleich und zum Betreiben der Klimaanlage an Bord. Da das Wasser in der Tiefe kälter als an der Oberfläche ist, wird über eine Kältepumpe das Kühlwasser in den Kiel gepumpt, dort beinahe tiefgefroren, und fließt dann gerade noch in die Fußbodenheizung. Darum tragen Segler auch immer Gummischuhe – sonst kalte Füße. Ein Segelboot muss gekühlt werden, andernfalls würde es einen ganzen Tag in der prallen Sonne des Südens nicht aushalten, es würde schmelzen und mitsamt seiner Mannschaft auf offener See untergehen. Das will man heute nicht mehr. Umgekehrt verläuft der gesamte gerade erläuterte Prozess, wenn sich das Segelboot am Nordpol aufhält, dort muss es beheizt werden, sonst friert es fest und müsste von Iglo abtransportiert werden (www.iglo.com).

Unterwegs treffe ich Seeigel. Ich bin noch nie auf einen Seeigel getreten. Ich finde ja, man sollte alles im Leben einmal ausprobieren. Auf Seeigel treten aber nicht. Durch einen Schwarm Quallen bin ich schon geschwommen, aber nur kurz. Diese Erfahrung hat völlig ausgereicht, muss also kein zweites Mal sein.

Auf den Autobahnen werden Seeigel massenweise als Reinigungstrupps eingestellt. Sie haben sich als die einzigen erwiesen, denen die Mopeds nicht auf den Kopf fahren.

Stachelschweine geben auch gute Reinigungskräfte ab, kommen aber zu selten vor und sind deshalb teuer und unrentabel. Die Asfinag muss immer noch auf die Kosten schauen (www.asfinag.at). Die Asfinag hat viele Kameras entlang ihrer Autobahnen angemietet und betreibt jetzt einen Videoservice. Man kann eine Ansichtskarte von sich auf dem Moped bei 110 km/h anfertigen und sich diese dann nach Hause schicken lassen. Man sieht dann, wie viele Ameisen man aufgewirbelt hat. Während der Fahrt darf man nicht zurückblicken und zählen, zu gefährlich, man schläft leicht ein dabei.

Schafe gibt es überall auf den Autobahnen.

Schiffshalterfische dürfen auf den Deltaflügeln gratis mit, wenn sie zu ihrer Oma nach Paris müssen oder wegen eines Arztbesuchs.

Auf nach Alonnisos

Gleich nach Skopelos besuche ich die dritte im Bunde der nördlichen Sporaden: Alonnisos. Ich rufe eine Schule Tümmler, locke sie zusätzlich mit frischem Fisch und lasse mich bequem über die Wallace-Linie hinüberschippern, wobei meine Knöchel komfortabel im Meer plantschen und sich mein gesamter Körper, obwohl der prallen Sonne ausgesetzt, über die Wärmepumpe und Blutleitungen abkühlt. Die Zehen stecken im tiefen Meer, wo es am kältesten ist (nur vier Grad Plus), sodass die interne Klimaanlage perfekt arbeiten kann.

Das mit der Wallace-Linie ist ein Irrtum, wie sich später zeigt, als ich feststellen konnte, dass in Alonnisos dieselben Seeigelsorten heimisch sind.

Kurz nach der Ankunft in Patiritititititi fahre ich mit dem Auto in die Chora. Ein kleiner Schwarm Tümmler hat es gekonnt an Land gewuchtet, was keine Kunst war, denn es wurden schon vor Jahren extra schräge Betonrampen dafür ins Meer gelegt. Über diese Rampen wird auch gerne mal ein Boot ins Wasser gelassen.

Wieder eine Chora, denke ich, es gibt also auf allen Inseln einen Ort mit diesem Namen. Das wurde extra für die Touristen und deren geringe Merkfähigkeit so eingerichtet, beschlossen vom Parlament der UNO vor 460 Jahren, kurz nach Beginn des Touristenzeitalters.

Die Merkkapazitäten der Touristen sind nicht immer so niedrig, nur im Urlaub werden sie nach unten gefahren, um die geistige Bereitschaft zur Erholung des geschundenen Touristenkörpers zu fördern. Auch Vergessen ist eine Form der Freiheit.

Die Chora liegt oben am Berg, sieht hübsch aus und es lassen sich in ihr wunderbare Spaziergänge unternehmen. Die Ausblicke sind herzzerreißend lieblich. Die Tümmler schnattern von unten herauf, weil ich vergessen habe, sie für die Überfuhr zu bezahlen. Ich habe vor, 38 Tage zu bleiben, muss aber wieder feststellen, dass ich mich irrtümlich mitgenommen habe.

Ich verlasse Alonnisos und fahre zurück nach Skiathos. Von dort nehme ich die Hellenic Seaways (www.hsw.gr) nach Volos. Runter vom Schiff, rauf auf den Deltaflügel und – zack – mit CarFly nach Venedig, um mich zu vergewissern, dass die Stadt noch da ist. Jedes Jahr muss ich einmal nachschauen, es könnte ja das letzte Mal sein.

Seit es CarFly gibt, sind die Kyoto-Ziele kein Thema mehr. Der sowieso und besonders wegen des Emissionshandels unrentable Kurzstrecken-Luftverkehr fällt überall dort weg, wo es CarFly gibt. Airlines sparen die teuren Verschmutzungszertifikate.

Mit dem Auto in Venedig

»Alle Städte sind gleich, nur Venedig is a bissele anders«, sagt die Tante Jolesch, womit sie recht hat. Chioggia und Amsterdam kannte sie nicht, aber die beiden sind auch anders. Natürlich stimmt das nicht ganz, weil ja keine Stadt einer anderen gleicht. Es ist immer überall anders. Besonders dort, wo man nicht zu Hause ist. Es hat daher überhaupt keinen Sinn, Vergleiche anzustellen und diese gar nach Gut und Schlecht zu werten. Gut und Schlecht gibt es praktisch nicht, es ist immer etwas dazwischen und kommt auf den Betrachtungswinkel an. Man sollte sich davon befreien, in den Kategorien Gut und Schlecht zu denken. Grundsätzlich und an allen Orten.

»Das Böse ist immer und überall.« (EAV, zirka 1985.)

Ich will hier aber kein Moralapostel sein, nicht in die Nähe des Bodenpersonals gerückt werden. Apostel gab es zwölf, ich bin keiner davon, heiße nur zufällig wie einer. Daher keine weitere Moralapostelei.

Tante Jolesch hatte recht. In Venedig kommt man mit dem Auto nicht voran. Man braucht eine Gondel und einen dafür lizenzierten und ausgebildeten Gondoliere. Es gibt nur eine einzige weibliche Gondoliere in Venedig, aber schon mehrere Philharmonikerinnen in Wien. Sie fallen nicht besonders auf, weil sie auch genau nach den Noten spielen, alles streng vom Kompositeur vorgegeben, und genauso schwarz angezogen sind, ihre Pulte ragen in selber Höhe aus dem Orchester wie die der männlichen. Auch der Dirigent lässt keinen Unterschied erkennen.

Die Gondolierin in Venedig fällt dagegen sehr auf. Sie ist blond, während alle anderen rote Haare haben. Nein, schwarze. Rot sind nur ihre Wangen, wenn sie Arien schmettern müssen, für das japanische und amerikanische Publikum an den Fenstern, die sofort geöffnet werden, durch die der Gondoliere aber trotzdem nicht in die Zimmer der Touristen einsteigt. Das machen nämlich nur die Burschen der Alpendörfer, und auch nur nachts. Tagsüber arbeiten sie auf den Feldern und schwitzen. Der Wind geht dann auch, manchmal ist es nur ein Lüfterl.

In den Wiener Bürotürmen und Amtsstuben geht kein Wind. Das ist aber in Venedig nicht anders. In Tokyo schon. Da weht von 5 Uhr morgens bis Mitternacht ein stetig rauer Wind, überall, so lautet das Klischee, das nur erklärt, warum japanische Autos billiger als europäische sind, was aber überhaupt nicht mehr stimmt. So viel zum Klischee. Außerdem werden japanische Autos jetzt auch in Europa zusammengebastelt. Gut, dass es seit Generationen Lego gibt, sonst hätten wir heute nicht so viele gute Ingenieure, die die sauberen Autos bauen, die jetzt mit CarFly auf dem ganzen Kontinent herumfliegen (www.lego.com).

Auf die Autobahn dürfen Autos auch, tun es aber nur für ganz kurze Distanzen, denn wozu 110 fahren, wenn 1.000 km/h möglich sind? Und nebenbei eine E-Mail verschickt werden kann? Züge gibt es keine mehr, das Schienenmaterial wird für die CarFly-Träger eingeschmolzen und neu gegossen.

Die Vorzüge der Bahn und deren besonderer Service sind überholt. Die Liberalisierung konnte die Bahn nicht mehr retten, es gibt nur noch einige Strecken in Sibirien, wo wenige Privatautos unterwegs sind und sich CarFly nicht lohnen würde.

CarFly wird den bestehenden Autobahnen darübergestülpt. So lassen sich die vorgefertigten Teile leicht an ihren Bestimmungsort transportieren und es werden keine zusätzlichen Grünflächen vernichtet. Kein Bauer wird mehr enteignet. Nur dort, wo die Autobahn durch einen Tunnel führt, muss CarFly oben drüber oder seitlich herum geführt werden. Wenn es um Ausgleichszahlungen für Bauern geht, spielt das Wetter eine große Rolle.

Weil sich die Rehe am Bauernbuffet gratis bedienen, ist fast jeder Bauer auch Jäger. »Du zuckst, waun i schiaß.« (Titel eines Volksliedes, gespielt auf Radio Steiermark.)

Die Grünflächen bleiben grün und tragen zum Herannahen der kommenden Eiszeit bei, indem sie CO_2 aufnehmen und die Luft abkühlen. Über Wärmetauscher wird nämlich das abgekühlte Baumblut aus den Wurzeln zu den Ästen geführt und wirkt wie eine Klimaanlage. Das in einem solchen Ausmaß, dass die Erde im Inneren über die letzten Jahrhunderte sehr heiß geworden ist. Die Venezianer haben das erkannt und auf den Inseln der Adria sämtliches Holz abgetragen, auch deshalb ist es heute am Mittelmeer im Sommer so warm. Die Erde glüht ganz drinnen, sagt man. Genau weiß man das aber nicht, weil außer Jules Verne noch niemand bis ganz zum Mittelpunkt vorgedrungen ist. Von Herrn Verne weiß man auch nicht genau, ob er seine Berichte und Geschichten nicht doch nur erfunden hat. Man kann ihn auch nicht fragen, weil er gerade in achtzig Tagen um die Welt reist. Heute ist sein 41. Tag und er wird sich noch wundern, dass es erst Sonntag ist und nicht schon Montag. Wir wundern uns darüber nicht, weil das merken wir gleich. Herr Verne befindet sich gerade in Aitutaki und isst eine Makrele. Er lässt alle schön grüßen von dort, pauschal, denn er hat nicht die Zeit für eine Ansichtskarte an jeden von Ihnen. Und prinzipiell, sagt er, schreibt er Ansichtskarten nur in erbschleicherischer Absicht. »Praktisch denken, Särge schenken.« (Otto Schenk. Sachen zu Lachen. Piper, 2006.) »Wenn du dir in deinem Alter noch einen Überzieher schneidern lässt, dann soll ihn dein Neffe gleich mitprobieren«, sagt die Tante Jolesch. (Friedrich Torberg. Die Tante Jolesch. dtv Taschenbuch, 1977.)

Leider kann ich die Gondolierin nicht finden, sie ist gerade mit einer Gruppe schottischer Touristen auf Spritztour mit ihrer schwarzen Gondel, irgendwo in Castello, auf Spurensuche nach Donna Leon. Alle halten eine Lupe in der linken Hand, in der rechten eine Pizzaschnitte. In der Tasche haben sie eine Glasfigur aus China, die Narrenmaske haben sie auf die Stirn geschoben, als Schutz vor starker Sonneneinstrahlung, die man auch in Venedig nicht unterschätzen darf. Es ist immer noch August.

Spuren am Strand

In Kapstadt wäre das jetzt kein Problem, aber dort gibt es keine Spuren. Außer die von Kitesurfern, die im Wasser abgehoben haben und im Sand gelandet sind. Die Spuren sind da Furchen, interessieren aber Donna Leon nicht und deshalb auch nicht die schottischen Touristen, die die einzige Gondolierin okkupiert haben. Einen der vielen sich andienenden Gondolieri miete ich nicht, aus Angst, sie könnten schlecht singen und die Leute werfen Gläser und Vasen aus den Fenstern auf uns. Diese wären sicher nicht aus Murano, sondern vom Flohmarkt in Ungarn und mit Wasser statt mit Wein gefüllt. Dem will ich mich keinesfalls aussetzen, setze mich lieber in eine Trattoria, dem Pendant zur Taverne. Drinnen gleichen sich die beiden wie ein Ei dem anderen.

Venedig gehört heute zu Italien, früher gehörte ein Teil von Italien zu Venedig. So ändern sich die Zeiten. Und schuld sind die Österreicher. Auch Napoleon ist schuld, aber er wurde dafür ordentlich abgestraft. Obwohl er es nie eingesehen hat und aus Trotz die Hand immer in seinem Wams stecken ließ. So hat er sich für die Nachwelt fotografieren lassen, und so kennen wir ihn. Trotzig, wie ein kleiner Bub (1,68 m). Wohl schlechte PR-Berater gehabt, noch nichts von Image und Öffentlichkeitsarbeit gehört, immer nur an Aufmärsche und Schlachten gedacht, das bindet Hirnkapazitäten, klarer Fall von fehlender Ganzheitlichkeit. Vielleicht hat er seine Hand aber auch deshalb im Wams stecken, weil ihn dort ein chronischer Ausschlag juckte.

Heute versucht man sich mehr im ganzheitlichen Marketing. (Christian Belz. Marketing gegen den Strom. THEXIS, 2009.) Man will die Fehler Napoleons nicht wiederholen. Ich bin auch nur einmal durch einen Schwarm Quallen geschwommen.

Ludwig XIV., der Sonnenkönig, hatte auch schlechte PR, trotzdem haben sich alle bei ihm eingeschleimt. Alles, was er getan hat und alles, was im Frankreich seiner Zeit angegangen wurde, alles, wofür Geld ausgegeben wurde, musste zuallererst seiner Glorifizierung nützlich sein. Mit diesem Denken legte er den Grundstein für die Französische Revolution. Er hinterließ Schulden in der Staatskasse im Ausmaß von 2 Milliarden Livres, und das ist keine Kleinigkeit. (Geo Epoche, Nr. 42-04/10. Der Sonnenkönig.)

Manche ManagerInnen und PolitikerInnen erinnern mich an Ludwig XIV. Die verbeugen sich sogar, wenn der Regen ans Fenster klatscht. »Mancher glaubt nach dem ersten erfolgreich abgewickelten kleinen Auftrag, einem Imperium vorzustehen und lässt ein Ölporträt von sich anfertigen.« (Frank Berzbach. Kreativität aushalten: Psychologie für Designer. Schmidt Hermann Verlag, 2010.)

»Vom Erhabenen zum Lächerlichen ist es nur ein Schritt.« (Napoleon Bonaparte, kurz bevor er sich die Kaiserkrone aufsetzt.)

Ich verlasse Venedig von der Piazzale Roma aus, denn weiter bin ich mit meinem Auto nicht vorgedrungen, es hat einfach keinen festen Boden unter den Rädern gefunden. Kein Grip, wie man auf formeleinserisch sagt. Schade, dass Heinz Prüller nicht mehr moderiert. Was macht der eigentlich? Wahrscheinlich treibt er sich nachts auf Rennstrecken herum und rezitiert Daten und Fakten aus alten Rennzeiten.

Viele Häuslbauer in Österreich schenken sich nach Jahren in kleinen Wohnungen die Freiheit eines eigenen Anwesens mit Garten und bauen zum Schluss an die Eigentumsgrenzen hohe Zäune und Hecken und sperren sich selber wieder ein. Paradox. In Venedig hat niemand einen Zaun um seinen Palazzo gebaut, dort wurden Wassergräben angelegt, in denen Krokodile aufpassen. Auf die Schoßhunde, die aus den Fenstern kläffen, auf einem Gobelin liegend, der vor 400 Jahren in dunklen, stickigen Fabriken unter unmenschlichen Bedingungen von müden Arbeiterinnen geknüpft worden ist. Oder vor einem Jahr unter denselben Bedingungen in Asien, vielleicht von Kindern. Der Preisunterschied ist jedenfalls enorm. Der Kläffer verrichtet im ersteren Fall hoffentlich nicht sein Geschäft auf ihm, im letzteren Fall wäre es egal.

Das letzte Krokodil

Die Krokodile sind in den 1960ern aus Venedig abgewandert, weil die Kanäle zu dreckig geworden sind. Zuerst in Richtung der Lagune, die Muschelfischer ärgern, dann weiter in die Adria hinaus. So manch ein Krokodil ging einem Hochseeangler an den Haken, der sich ziemlich gewundert hat. Die italienische Fischereibehörde hat den Vorfall zwar dokumentiert, dann aber auf Druck der Tourismusindustrie unter den Tisch fallen lassen. Die Strände Riminis wollten keine Panikmache, es hätte dem boomenden Sommergeschäft einen herben Rückschlag versetzt.

Rimini hat immer schon eine gute PR gemacht. Auch das mit den falschen Bademeistern und den großen Chancen für ältere alleinstehende Abenteuerlustige entspringt der PR-Maschinerie und ist durch nichts belegt. Anders bei den Schilehrern in den Alpen. Die kümmern sich wirklich rührend um ihr weibliches Klientel.

»Älter werden ist kein gutes Geschäft. Wenn Sie es vermeiden können, vermeiden Sie es.« (Woody Allen)

Nachfahren der umherirrenden Krokodile leben heute an der Mündung des Po und auf den Autobahnen. Ein einziges Krokodil ist in Venedig geblieben, längst verstorben und ausgestopft auf einer der beiden Säulen auf der Piazzetta. Auf der rechten, wenn man Richtung Meer blickt. Der Theodor hält es fest. Von der anderen Säule schaut Leon herunter. Er passt auf seine Löwinnen auf. Richtig gelesen: Er besitzt mehrere Frauen. Zirka zwei bis vier, je nach Saison, Lust und Laune. Seiner Laune, nicht die der Löwinnen. Ein richtiger Hallodri. Will eine Löwin nicht, kann sie den Weg über die Seufzerbrücke in die Bleikammer antreten, von der bis heute nur einer den Ausbruch geschafft hat: Giacomo C.

Casanova war ein richtiger Weiberheld. Am Ende musste er aus Venedig fliehen. Viel zu spät hat er kapiert, dass sein Lotterleben kein für ihn günstiges Lebensgestaltungskonzept war. Aus Fehlern wird man klug, danke also für die

Fehler, die man machen darf. (Matthias Schranner. Teure Fehler. Econ, 2009.) Je mehr Fehler desto klüger – aber leider erst im Nachhinein.

Venedig ist anders

Kaum zu glauben. Während alle Inseln der Welt lose im Meer schwimmen und auf ihnen ein ausgeklügeltes Gewichtsverteilungssystem betrieben werden muss, damit sie nicht kippen, ist Venedig fest im Boden verankert.

Aber erst seit kurzem. Früher ist Venedig im Mittelmeer herumgeschwommen und hat sich die schönsten Buchten mit Tavernen ausgesucht, wo die Bewohner lustig im Meer gebadet und gefischt und gleichzeitig ihren Unrat bequem im Meer entsorgt haben – ohne jegliche Staubsauganlage. Immer, wenn es dem Dogen zu dreckig wurde, ist die ganze Insel – eigentlich sind es viele mit vierhundert Stein- und einer Holzbrücke ineinandergehakte Inseln – im Konvoi weitergerudert. San Michele immer im Schlepptau.

Für Burano traf dies nicht zu. Diese Insel war immer in der Lagune festgezurrt, weil es ja wegen der Glasbläsereimanufakturen und deren Öfen an die Gasleitung aus Russland angebunden ist. Hätte sich Burano losgerissen, dann wäre Venedig vom Lusternachschub abgeschnitten.

Der Doge hatte eine eigene Villa auf einer der Inseln nahe dem Gefängnis, das er über eine frisch renovierte Steinbrücke besuchen konnte, was er aber nur selten tat. Keine Lust dazu. Weil der Doge leicht seekrank wurde, hatte er auch kein Bedürfnis, mitsamt dem Hausrat weiterzurudern. Oft half nur eine gewaschene Demonstration der Popolani, die dem Dogen mit Steinigung drohten. Das wäre für ihn noch ungesünder gewesen, weshalb er schnell den Befehl zum Aufbruch gab.

Ungefähr im achten Jahrhundert hat der Rat der Patrizier beschlossen, wohl um dem Dogen einen Gefallen zu tun, die Inseln an Ort und Stelle endgültig zu befestigen.

Venedig lag gerade ganz bequem in der Lagune, in der man gut Muschelfischen konnte. Zwischen dem Königreich Eraclea und dem Fischerdorf Chioggia am nördlichen Ende der Adria, in der Nähe von Burano, weil der Dogenluster repariert werden musste.

San Michele wurde im Abstand von siebzehn Ruderminuten direkt an der Fahrrinne nach Burano festgezurrt.

Aber in stürmischen Winternächten schaukelten die Inseln manchmal, sodass die Brücken quietschten und zu bersten drohten, trotz Lido und Pellestrina und der Gemüseinsel. Die ganze Bevölkerung musste sich übergeben.

Die Lösung für die Befestigung waren gerade, schlanke Eichenstämme, manchmal Ulmen oder auch Lärchen, die Stück für Stück in den sandigen Boden der Lagune gestopft wurden, und zwar genau nach dem Grundmuster der Häuser und Palazzi. Die Inseln wurden danach einzeln raufgeschoben, gezogen von achthundert Ochsen und von Menschenkraft und mittels einfacher ausrangierter Dampfmaschinen. Den Flusslauf der Brenta – heute Canal Grande genannt – sparte man dabei aus, was wichtig ist, weil der Fluss den Mist ins Meer spült.

Ein weiterer Grund für das Ende des Nomadenlebens der Venezianer auf ihren Inseln und deren Sesshaftwerdung lag auch am stark ausgeprägten Geschäftssinn. Man vertraute nicht länger auf unerschöpfliche Absatzmärkte für Glasfigürchen und setzte frühzeitig auf den Tourismus. Denn wer würde Venedig besuchen, wenn es lose im Meer herumgondelte und man nicht wüsste, wo es zu finden war?

So entstand auch der Begriff Gondel, nämlich vom Herumgondeln der Venezianer im Meer. Ganz wollte man darauf auch nicht verzichten, und man erfand quasi als Nebenprodukt der Inselfixierung und zum Zeitvertreib die Gondeln in schwarz, 11,3 Meter lang und asymmetrisch. Mit dem Kiel nahm man es nicht so genau. Noch heute ist die Gondel ein beliebtes Fortbewegungsmittel für Honeymooner.

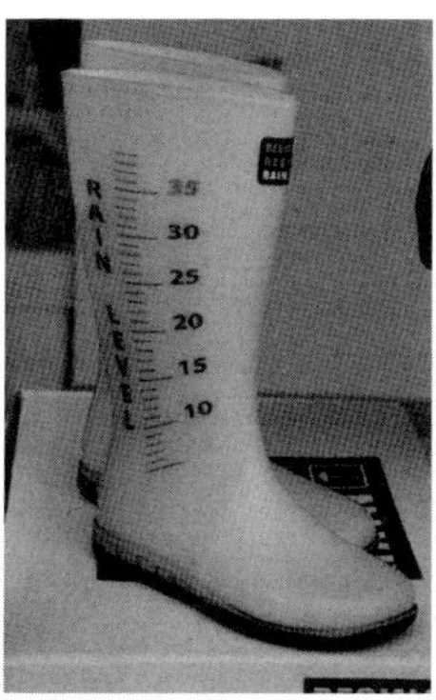

Richard Wagner sagte, nachdem er sich eines Abends im Jahr 1858 in einer Gondel heimbringen ließ: »Plötzlich löste sich aus der Brust des Gondolieres ein dem Tiergeheul nicht unähnlicher, von tief her anschwellender Klagelaut, und dieser mündete nach einem lang gedehnten ›Oh!‹ in den einfach musikalischen Ausruf ›Venezia!‹ «

Als der fröhliche Gondoliere zu singen begann, sagte Mark Twain (1867): »Jetzt hör mal zu, Rodrigo Gonzales Michelangelo, ich bin ein Pilger und ich bin ein Fremder, aber ich bin nicht gewillt, meine Gefühle von einem solchen Gejaule zerfleischen zu lassen. Wenn das nicht aufhört, muss einer von uns ins Wasser … Noch ein Quiekser, und du gehst über Bord!« (Venedig. Brandstätter Verlag, 2010.)

Mark Twain soll auch gesagt haben, dass der kälteste Winter, den er je erlebt hat, ein Sommer in San Francisco war. Ganz schön herumgekommen, der Junge. Sicher nicht mit CarFly.

Verdünnte Milch

So mancher Venezianer würde heute gerne wegen der Touristenmassen samt seiner Insel der Lagune den Rücken kehren, ab in die Freiheit. Was ganz leicht ginge, es müsste lediglich die dünne Klebeschicht zwischen den auf den Baumstämmen fischgrätartig aufgebrachten Steinplatten aus Istrien und dem Fußboden der Häuser mit Milch gelöst werden, und schon könnte das Haus ins Meer gleiten. Es ist in Venedig ziemlich verpönt, Milch zu verschütten. Man serviert sie nur verdünnt, meistens mit Kaffee.

Zum Leidwesen der Venezianer ist das jedoch heute nicht mehr möglich, denn die Venezianer sitzen mit ihren Inseln fest, weil all die Jahre darauf verzichtet wurde, das Gewicht auszutarieren. Die Inseln würden heute ohne festen Untergrund sofort kippen.

Als sie es einmal doch versucht haben und San Marco frühmorgens still und heimlich ins Wasser gelassen wurde, ist der Campanile sofort eingestürzt (1902). Seither wurde kein Versuch mehr unternommen. Der Campanile wurde als Faksimile wieder hingestellt. Com'era, dov'era.

Wenn der Meeresspiegel ansteigt, müssen die Inseln Venedigs mit Milch von den Baumstämmen abgeklebt werden, und dann gleiten sie langsam in die Adria hinaus, denn wenn das grönländische Eis schmilzt, steigt der Meeresspiegel auch in der Lagune um sieben Meter.

»Die venezianischen Patrizier waren professionelle Reisende, vor allem in ihrer Rolle als Kaufleute. Als gehörte Reiselust immer zur venezianischen Mentalität.« (Peter Ackroyd. Venedig: Die Biographie. Albrecht Knaus Verlag, 2011.) Diese Venedig-Biographie – ein absolut lesenswertes Buch!

»Venedig ist eine große Stadt, sehr verschieden von allen, die Ihr je gesehen habt, mit einer Lebensweise, die Euch ganz neu sein würde.« (Lady Mary Wortley Montagu, ca. 1750.)

»Eine andere Welt.« (Petrarca)

»Venedig ist mehr als irgendeine andere Stadt im eigentlichsten und umfänglichsten Sinne ein großes Kunstwerk. Was man hier sieht, alles, mit Ausnahme des Wassers, ist Kunst.« (Otto Julius Bierbaum)

»Die Hauptrolle, die die Venezianer hier zu spielen beabsichtigen, besteht darin, dem Rest Europas Amüsement zu bereiten und nichts zu tun.« (Lord Manchester)

»Venedig ist eine Stadt, über die so viel erzählt und geschrieben worden ist, dass es mir so scheint, als könnte man nichts mehr über sie sagen.« (Pietro Casola)

»Mich überkommen in Venedig keine romantischen Gefühle; es ist nur ein Haufen Ruinen.« (John Ruskin)

»Im Winter ist Venedig angenehm … aber im Sommer ist's ein ungesunder und gefährlicher Ort.« (Wilhelm Heinse)

»Sempre crolla ma non cade – die Stadt ist ständig dabei zu kollabieren, stürzt aber doch nicht.« (Peter Ackroyd)

Bei einem Anstieg von sieben Metern lägen London und Bangkok unter Wasser. Wenn in Großbritannien überall Milch zum Lösen des Klebstoffs verfügbar wäre, könnte man London retten. Kühe gäbe es dafür genug. Sollte die Milch aber fehlen, blieben England, Wales und Schottland mitsamt den vielen Kühen kleben und London müsste »Land unter« melden. Die Kühe Schottlands, besonders die in den Highlands, würden friedlich weiter furzen, denn sie wären nicht betroffen. GB triebe die Färöer im Schlepptau in den stürmischen Atlantik hinaus, aber wo sollte es ohne Euro hin? Derzeit wird fieberhaft nach einem Ersatzlösungsmittel geforscht, bisher ohne Erfolg. Für Australien wäre sicher nicht genügend Milch vorhanden, das kann man vergessen.

Island hätte keine Insel im Schlepptau, es wäre – wie schon jetzt – völlig auf sich alleine gestellt. Island könnte auch nur sehr schwer vom Untergrund gelöst werden, weil es mittlerweile durch gewaltige Vulkanschlunde und erkaltete Magmatürme und Stalagmiten fest verzahnt ist. Alleine, um Island zu lösen, müsste der gesamte Jahresmilchverbrauch der USA, Kanadas und von Belize auf einmal und gleichmäßig verschüttet werden. Nein, Island hängt fest. Was gut ist, denn es würde wegen des Golfstroms noch weiter ins Eismeer abdriften und wäre für immer erfroren. Ärger als in Sibirien, wo es sehr kalt ist, weil dort immer noch die Ausläufer der Eiszeit zu sehen sind. Die Zeit ist dort nämlich stehen geblieben.

Verschüttete Milch

Zurück in die Lagune. In Burano wurde von Patrizio, dem Klöppler, irrtümlich Milch verschüttet, als er eines Nachts, wie immer betrunken, nach Hause torkelte und die volle, erst ein paar Stunden zuvor gelieferte Milchkanne im Vorzimmer übersehen hat. Aber schuld war seine Frau Antonia, was lässt sie die Milchkanne auch unbeaufsichtigt dort stehen und geht ins Bett. Milch gehört in den Kühlschrank, nicht ins Vorzimmer.

Unglücklicherweise hat sich das Vorzimmer sofort gelöst und ist mitsamt Patrizio in den Kanal gerutscht. Patrizio konnte sich nur durch einen reflexartigen Sprung aus dem Vorzimmer direkt auf sein unmittelbar vor dem Haus geparktes Tretboot retten. Ein Vorzimmer kann alleine natürlich nicht schwimmen, es versank sofort im Schlamm des Kanals. Antonia ist vom »Platsch« des Vorzimmers aufs Wasser leicht aufgewacht und hat »Patrizio, leg dich schlafen« gerufen, was der als unmittelbar auszuführenden

Befehl verstanden hat und direkt auf dem Tretboot eingepennt ist, der alte Klöppler von Spitzen, der einzig männliche von Burano.

Dummerweise hat ein Teil des Vorzimmers auf dem Weg in den Kanal den Anlegepfahl mitgerissen, wodurch Patrizios Tretboot nun unbefestigt auf dem Kanal trieb, langsam mit der zurückweichenden Flut in Richtung Torcello.

Sobald Patrizio seinen Rausch ausgeschlafen hatte, kam das Tretboot auch schon in Torcelle (Tippfehler) direkt vor Ciprianis Kneipe an. Patrizio stieg an Land, sagte mit seiner ihm angeborenen Gelassenheit »nett« und genehmigte sich einen Vormittags-Ombre. Harry, der Wirt, stieß mit ihm an. Beide wussten noch nichts vom Verschwinden des Vorzimmers.

Antonia trank ihren Morgencappuccino ohne Milch, also nero. Nicht weil es keine Reservemilch vom Vortag in ihrem Kühlschrank gegeben hätte, sondern aus Vorsicht. Sie wollte nicht auch noch das »Auslaufen« der Küche riskieren.

Seit diesem Vorfall bekommt ein Tourist in Harry's Bar, wenn er ein Glas Milch bestellt, ein der Milch nicht unähnliches Prosecco-Pfirsich-Gemisch. Einer von Harry's Lieblingsmalern heißt Bellini. Harry hat sogar einen alten Schinken von ihm an der Wand seines Wirtshauses hängen, allerdings ist es eine Fälschung von Carpaccio, dem Fälscher.

Immer wenn Harry in Verlegenheit geriet, weil ein wichtiges Lebensmittel nicht geliefert worden ist, seine Gäste aber die daraus verarbeitete Speise vehement verlangten, improvisierte er und benannte das Ersatzgericht nach einem seiner Lieblingsmaler. Heute kann man sagen, dass Harry's Improvisationen bekannter sind als die Werke der namensgleichen Maler. Bellini, das Getränk, gibt es auf der ganzen Welt, aber wer hat schon einen Bellini an seiner vergilbten Wand hängen?

Machen wir einen Sprung nach Bali. Auch diese Insel ließe sich im Fall eines dramatischen Anstiegs des Meeresspiegels wegen des Vulkans Agung nur schwer lösen. Denpasar, Jimbaran und sämtliche schöne Sonnenuntergangsstrände der Insel wären für immer verloren. Nicht auszudenken! Die Touristen müssten fortan in den flachen, gefluteten Reisfeldern baden, was vermutlich dem Reisgeschmack nicht zuträglich wäre. Der Reis würde schal schmecken, nach sonnenverbrannter Touristenhaut und nach mittelteurem Sonnenöl, also eklig. Auch den Enten wäre das nicht recht.

Da fällt mir ein, dass es dazu ohnehin nicht käme, weil die Touristen gar nicht mehr auf Bali landen könnten, der Flughafen stünde ja auch unter Wasser. Wasserflugzeuge gibt es auf Bali noch nicht, die gibt es nur in Seattle. Und bald auch in Kroatien (www.ec-air.eu).

Ich verlasse Venedig und fahre nach Valdobbiadene. Gratuliere, wenn Sie das Wort einwandfrei aussprechen können. Genauer nach Cartizze, lade vierundzwanzigzwölf Schachteln Prosecco ins Auto, sodass es sich hinten, wo der Kofferraum ist, ausbeult, und fahre dann gemütlich nach Triest.

Dazwischen mache ich einen Abstecher nach Grado, altösterreichische Seeluft schnuppern, schließlich gehörte die Gegend von 1382 bis 1918 den Habsburgern, was man von Venedig nicht behaupten kann, die Serenissima haben die Österreicher nur rund 60 Jahre regiert und sind dabei zudem zwei Mal unterbrochen worden. (Eugen Semrau. Österreichs Spuren in Venedig. Styria, 2010.)

Besonders im Frühling eignet sich Grado hervorragend für einen Kurzurlaub, denn wenn das Wetter bei uns weder Fisch noch Fleisch ist, ist es in Grado schon Pasta. Dort besuche ich Carla, Ottavia, Ferdi, Marina, Andrea, Beatrice und Jonathan (www.hoteldiana.it).

In Grado gehe ich in die Trattoria de Toni, esse Sardelle in Saor, obwohl ich Sardelle in Saor nicht mag, aber weil es eine seit Millionen Jahren typisch friulanische Speise ist, esse ich sie kompromisslos auf. Danach verzehre ich Fritto Misto auf Papier serviert, was ich sehr mag und daher auch aufesse.

Im frühen Mittelalter war Grado eine Seemacht, von Venedig war da noch keine Rede. Bis der Patriarch von Grado nach Venedig umgezogen ist, nicht freiwillig, sondern weil sich das der Papst eingebildet hat. Der Papst hat 1451 einfach eine Bulle geschrieben, und schon ist der Patriarch von Grado übersiedelt, das Personal war damals noch gehorsam. Und weil es den zurückgebliebenen Gradesern sonntags in der Kirche so langweilig war ohne Ansprache, sind sie ihm nachgezogen und haben den Touristen Platz gemacht.

Grado hat an Bedeutung dramatisch verloren, es verarmte, die Touristen sind erst über 400 Jahre später gekommen. 1913 gab es dann 13.803 Kurgäste (so hießen die Touristen früher), davon 4.000 aus Wien, 2.000 aus Ungarn und neun aus den USA. Ab 1914 war dann Krieg, 1915 wurde Grado von italienischen Marineeinheiten besetzt, um zwei Jahre später von den Österreichern zurückerobert zu werden. Am 3. November 1917 besuchten Kaiser Karli und seine Zita die Stadt und wurden begeistert mit Fahnenschwenken und Evvivarufen empfangen.

Allerdings waren die Gradeser auch auf einen allfälligen Besuch König Viktor Emanuels III. von Italien vorbereitet, hatten die italienische Fahne im Keller liegen und die Musikkapelle hatte auch schon die italienische Hymne einstudiert. Der Kaiser soll darüber nicht erfreut gewesen sein.

Dies alles bitte nachzulesen in »Die k.u.k. Riviera« von Renate Basch-Ritter, Pichler Verlag, 2002.

Nicht ärgern – spenden

Wenn Sie Strafe zahlen müssen, zum Beispiel wegen einer Geschwindigkeitsübertretung, dann zahlen Sie den gleichen Betrag nochmal für einen wohltätigen Zweck. So machen Strafen Sinn und Sie dürfen aufhören, sich über die Strafe zu ärgern und erzeugen in sich das wunderbare Gefühl der guten Tat. Freuen Sie sich also auf Ihre nächsten Anonymverfügungen und händisch ausgestellten Strafzettel und fahren Sie ruhig ein paar km/h schneller als erlaubt. Das Positive überwiegt. Hierzu ein paar Vorschläge für die gute Tat: www.herzensbildung.at, www.menschenfuermenschen.de, www.eh-klub.at, www.sos-kinderdorf.at, www.integrationshaus.at, u.v.m. Alle diese Websites sind perfekt zur Umwandlung von Ärger in Glücksgefühle geeignet.

Noch ein Abstecher

Vor Grado mache ich aber noch schnell einen Abstecher nach Florenz. Mit CarFly, im Nullkommanichts bin ich dort, klinke mich ein paar Kilometer außerhalb, nahe dem Flughafen, aus dem System und erreiche in wenigen Minuten das Stadtzentrum.

Florenz liegt im Land der dünnen Bäume, die wie Slalomstangen an den Hauszufahrten gepflanzt worden sind. Es muss jedenfalls schon lange her sein – ich schätze es war im 17. Jahrhundert –, weil die dünnen Bäume ziemlich hoch sind und Bäume prinzipiell sehr langsam wachsen, was Energie spart, die die Erde für das Wachstum der Weintrauben bereithält, aus denen Wein hergestellt wird, den die Einwohner wie die Touristen gleichermaßen gerne saufen.

Die meisten Trauben heißen Sangiovese, Chianti dann der Wein, ein Roter, dessen Preis seit einigen Jahren ziemlich im Keller ist. Je tiefer im Keller, desto besser, denn desto mehr wird getrunken, worauf er rein marktmechanisch wieder teurer werden sollte. Funktioniert beim Chianti aber nicht, zum Leidwesen der Winzer.

In Florenz schau ich mir den Palazzo Vecchio von innen und außen genau an, auch die Kopien großer Marmorstatuen sind nicht zu übersehen, es handelt sich um offizielle Fälschungen. Inoffizielle dürften nicht offiziell aufgestellt werden, das verbietet das Gesetz. Wie die wohl nachgemacht werden? So eins zu eins, wohl mittels CNC gefräst und händisch aufpoliert und mit Signatur am Sockel.

Der Vogelbeschiss kommt dann von alleine bzw. direkt von den Vögeln. Die Münzen der Touristen kommen auch automatisch über die Schultern geworfen. Um vier Uhr früh werden sie von Obdachlosen eingesammelt, die machen sich ein schönes Obdachlosenleben unter der Ponte Vecchio. Aber nur nachts. Denn tagsüber betreiben sie ein Schmuckgeschäft direkt auf der Brücke. Die Touristen tauschen also ihr Geld gegen Schmuck oder sie schmeißen es gleich in den Brunnen. Es ist für Florenz und seine Bewohner einerlei und Michelangelo auf der Wolke, die er sich selber gemalt hat, ist es sowieso egal.

Der Palazzo Vecchio ist älter als die dünnen Bäume, weshalb er auch so heißt. Die Bäume heißen Bäume und nicht etwa Bäume Vecchio. Die Brücke ist auch älter, und man sieht es ihr auch an. Wäre sie jünger, wäre sie eine Spannbrücke mit Tragseilen und viel höher und doppelgeschossig.

So ist sie aber nur für Fußgänger zugelassen und für Schmuckgeschäfte.

Hinter der Brücke liegt die Golden View Open Bar, die sich für Frühstück, Mittag- und Abendessen und für die Zeiträume dazwischen eignet (www.goldenviewopenbar.com). In Florenz geht man nach dem Aufstehen und Zähneputzen direkt in eine Bar oder in ein Café, man muss das tun, sonst bekommt man kein Mittagessen. Nach dem Cappuccino am Morgen kehrt man stündlich in die Bar zurück und nimmt einen Espresso zu sich. Am Nachmittag – am früheren oder am späteren – kehrt man abwechselnd und dann immer öfter in einer Enoteca ein, bis man spät abends in ein weiches Bettchen fällt und friedlich schlummert, bis der nächste Tag anbricht und alles von vorne losgeht. Man soll viel trinken, mindestens drei Liter am Tag.

Das Ganze macht man so lange man will oder bis man wieder abreist aus Florenz. Oder abreisen muss, wie meistens. Urlaub muss sein – Ordnung nicht. In der Golden View Open Bar esse ich einen Fiorentiner.

»I uffici sono chiuso«, sagte die Klofrau im Café Rivoire an der Piazza della Signoria und setzte die Toiletten trotz langer Warteschlange zwecks Reinigung außer Betrieb. Wirklich.

Valerio Truffelli

Von Florenz aus mache ich einen kurzen Abstecher nach Pienza. Ich lasse mir von Valerio Truffelli einen Gürtel maßschneidern. Er kostet mich 10 Euro und hält mindestens zwanzig Jahre. Das macht bei täglicher Nutzung – außer am Sonntag – Tagesgürtelnutzungskosten in Höhe von 0,0016 Euro aus. Nicht viel, wenn man bedenkt, was ein Flugzeug kostet.

Für mich also ein gutes Geschäft, für Valerio Truffelli eher nicht, darum kann er sich auch keine Angestellten leisten und muss die ganze Arbeit alleine machen. Seine Fabrik wäre auch viel zu klein für Mitarbeiter, mehr als er selber plus eventuell ein oder zwei Kunden haben in seinem Geschäft, das zugleich Werkstatt ist, gar nicht Platz.

Bei der Arbeit hört Valerio Truffelli Arien, vermutlich arbeitet er deshalb so leidenschaftlich und es gelingen seine Lederwaren so hervorragend. Nach Pienza fahre ich selber, CarFly führt daran vorbei direkt nach Rom. Es wurde aber keine Andockstation extra gebaut, obwohl Pienza einmal die schönste Stadt der Welt werden sollte. Zumindest wenn es nach Papst Pius II. gegangen wäre. Von der Via dell'Amore aus lässt es sich wunderbar ins Val d'Orcia blicken. Ich brauche eineinhalb Stunden, mit CarFly wäre ich in dieser Zeit schon in Helsinki.

»Die letzte Stimme, die man hört, bevor die Welt explodiert, wird die Stimme eines Experten sein, der sagt: Das ist technisch unmöglich.« (Sir Peter Ustinov)

»Der Papst und ein Bauer wissen mehr, als der Papst alleine«, sagen die Venezianer. Sa più il papa e un contadino che il papa solo.

Woher die Nudeln kommen

Der nächste Abstecher führt mich nach Triest, zu Ami Scabar. Irgendwann muss ich ja auch etwas essen (www.scabar.it). Dieses Restaurant ist seit 1967 ein Geheimtipp. Und obwohl es jeder kennt, war trotzdem niemand dort, weil es so abgelegen liegt. Man findet es praktisch nur, wenn man an der Erta di Sant'Anna aufgewachsen ist.

Litchi sind aus China, sagt Alf Poier, und er weiß das, weil ein Freund von ihm dort war. Nudeln sind auch aus China. Und aus Italien. Kein einziger Nudelproduzent hat damals ein Patent angemeldet, deshalb lässt sich heute schwer sagen, ob die Nudeln nun in China oder in Italien erfunden wurden. Wir können uns darauf einigen, dass die Eiernudeln aus Italien und die Glasnudeln aus China stammen. Sie sind parallel und auf die Minute zeitgleich erfunden und auf den Markt gebracht worden.

Beim Billa gibt es jedenfalls italienische Nudeln und auch Glasnudeln in der Asien-Abteilung. Die italienischen Nudeln sind beim Billa billiger als in Italien. Was die Glasnudeln in China kosten, weiß ich leider nicht.

Der Billa ist ein richtiger Greißler, er hat alles, was man zum täglichen Leben braucht. Leider gibt es keinen Billa in Kehria, die Taverne dort hat sich ein Monopol gesichert, trotzdem sind die Nudelpreise dort schwer in Ordnung.

Nudeln gibt es heute auf der ganzen Welt, auch in Aitutaki. Eine gute Idee ist eben nicht aufzuhalten. PR hin oder her. Da ist Mundpropaganda die beste PR. Von Mama zu Mama sozusagen, also ganz nebenbei, sobald die Kinder gestillt und in die Betten gelegt worden sind.

Eine Udonsuppe würde ich jetzt gerne laut wegschlürfen. In Shinjuku unter den Geleisen des Shinkansen. Der Shinkansen fährt heute 400 km/h, schneller wird er nicht mehr, das lassen die Schienen und Radlager nicht zu. Somit ist er nur halb so schnell wie CarFly und wird sicher auch bald verschwunden sein.

In Japan sind die Deltaflügel etwas schmäler und kürzer als in Europa, weil die Autos kürzer sind und sonst nicht in die Häuser der Japaner passen. Die Häuser sind dort sehr klein und stehen dicht an dicht. Kein Blatt Papier ließe sich zwischen zwei japanische Häuser schieben.

Der Eiffelturm in Tokyo ist höher als der in Paris. Und komplett knallrot lackiert, damit man ihn auch bei Schneesturm von weitem ausmachen kann. Eiffeltürme haben auf Autobahnen nichts verloren, obwohl die Konstruktion der CarFly-Stützen eine ähnliche ist. Der Stahlpreis ist weltweit in die Höhe geschnellt, als man angefangen hat, CarFly zu errichten. Die Aktie von Böhler-Uddeholm ebenso. Da haben sich manche eine goldene Nase verdient.

Und anlässlich der nächsten Weltwirtschaftsstahlkrise wieder verloren. Lauter goldene Nasen sind herumgelegen, man musste sie nur aufheben, konnte sie aber nicht aufsetzen, sie gehörten einem ja nicht.

Wie das mit Istrien ist

Istrien ist bekanntlich keine Insel, sondern nur eine halbe. Sie könnte daher im Falle eines Anstiegs des Meeresspiegels nur halb ins Wasser gelassen werden, sie müsste vom Festland entlang einer leider noch nicht vorhandenen Sollrissstelle abreißen, um sich dem höheren Meeresspiegel angepasst himmelwärts zu bewegen. Im Falle Istriens ist es jedoch besser, auf einige Meter Strand und ein paar niedrig gebaute Hotels zu verzichten, als auf die Trüffeln, deren weltweit verzweigtes Wurzel- und Trüffelentwicklungssystem zerreißen würde, womit die Welt für immer vom Trüffelnachschub abgeschnitten wäre, was für die gelobte Haubengastronomie verheerend wäre. Denn wie man weiß, gibt es in Alba gar keine Trüffeln, die kommen alle aus Istrien.

In Istrien könnte man allerdings, bei ausreichender Vorwarnung, die Hotels Abu-Simbel-gleich zerschneiden und weiter oben wieder zusammenschweißen, was technisch heute keine große Hexerei wäre, zudem es sich großteils um ordinäre Plattenbauten aus den 1960ern handelt, wie in Potsdam, also für Istrien wäre der Meeresspiegelanstieg kein Problem. Auch die Strände ließen sich rasch rekonstruieren, sind sie doch meist aus grobem Fels oder sowieso aus künstlichem Beton geformt. Die Strandduschrohre müssen verlegt werden, ebenfalls eine leichte Installateurübung.

Wie mit Istrien verhält es sich mit den Inseln Krk, Cres, Rab und Losinj. Und Susak. Und Pag, nicht zu vergessen, Pag darf man nicht absaufen lassen, wird dort doch schmackhafter Käse erzeugt, Sir.

Die Yachten in den rund achtzigtausenddreiviertelhundert Häfen schwimmen von selber höher, man darf nur auf die Verankerung am Grund nicht vergessen. Andernfalls käme so eine Yacht ziemlich rasch unter Wasser. Man nutzt dazu die Erfahrungen in einer Schleuse, da darf man die Scholle auch nicht unten festgezurrt lassen, während das

Wasser nach oben drückt. So ein Boot ist schnell versenkt, passt man nicht auf. Da entkommt man dem ärgsten Sturm auf hoher See und ertränkt danach sein Schiff in aller Ruhe in der Schleuse wegen einer dummen Unachtsamkeit. Ich rate in Schleusen zu erhöhter Vorsicht.

Mallorca Ballermann

»The food was good, but I wasn't.« Eine deutsche Touristin erzählte mit diesen Worten einer englischen in einem Lokal am Hafen von Sant Elm, dass sie am Vorabend zwar gut, aber zu viel gegessen und deshalb schlecht geschlafen hat. (3. Jan. 2012, 14.32 Uhr)

Mallorca ist keineswegs vulkanischen Ursprungs, es wurde wie ein Wimmerl von der Erdkruste rausgedrückt. Die Alpen übrigens auch. Daher ist es auch nicht zu fest mit dem Untergrund verzahnt und kann im Notfall mit viel Schafmilch zum Schwimmen gebracht werden. Es gleitet problemlos ins Mittelmeer und schwimmt, Menorca im Schlepp, gen Barcelona, wo es lustiger ist auf den Ramblas. Der Ballermann bleibt vollständig erhalten. Mallorca dockt an der Westküste bei Barcelona an und gibt sein Inseldasein für immer auf. Die Touristen kommen nun mit dem Auto aus Madrid statt mit der Air Berlin aus Berlin. Oder aus

Graz. Formentera bleibt, wo es ist, es will nicht so leicht erreichbar sein. Ibiza schwimmt in die Ägäis und hängt sich an Mykonos an. Mykonos ist cool und exzentrisch und wunderbar.

Hier sind noch einige wichtige Zusatzinformationen zu Mallorca.

Chopin verlebte den Winter 1838/39 komponierend zusammen mit seiner George Sand samt Kindern in Valldemossa, alle hatten dabei keine rechte Freude, und das sieht man ihm noch heute an. Irgendwer aus dem Dorf putzt ihm ständig die Nase.

Dem Heiligen an der Kirchenfront in Sóller wurde das erste Piercing der Neuzeit verpasst, es musste später wieder entfernt werden.

Mallorca ist ein Schlaraffenland, besonders für Schafe.

Auch weil sie ihre Winterpullover anbehalten dürfen.

Zu Neujahr werden Zelte über die Plätze gespannt, sie leuchten zwar, sind aber nicht wasserdicht. Weil es nur selten regnet, macht das nichts.

Müde Touristen können sich in über die Gassen gespannten Hängematten ausruhen.

Polizisten pirschen sich gerne als gewöhnliche Straßenarbeiter getarnt an.

Für Touristen, die ihr Handy verloren haben, bestehen noch Alternativen.

Sein Pferd führt man gern an der Leine zum Spaziergang aus.

Oder man konserviert es.

Wie bei uns der Strom kommen dort die Oliven aus der Dose.

Wer hätte da nicht gerne ein Haus am Meer?

Löwen gähnen gerne

Und sie grinsen. Aber lieber gähnen sie und stecken die Menschen an, die ihnen dabei zuschauen, während sie sich auf Safari befinden. Die Menschen gähnen dann auch. Manchmal schauen die Menschen dabei ins Narrenkastl. Chasmologen haben das in jahrzehntelanger Forschungsarbeit herausgefunden. Auch Fische gähnen. Durchschnittlich gähnt jeder Mensch zehn Mal pro Tag, auch Föten im Mutterleib gähnen. Menschen mit Empathie gähnen besonders häufig mit.

Mehr zu Spiegelneuronen in: Joachim Bauer. Warum ich fühle, was du fühlst: Intuitive Kommunikation und das Geheimnis der Spiegelneurone. Heyne, 2006.

Meine Intelligenz lässt mich glauben, dass intelligente Menschen keine Rassisten sein können. Aber ich werde laufend eines Schlechteren belehrt.

Seafood

China hat Japan den Rang als zweitgrößte Wirtschaftsmacht abgelaufen. Die USA ist immer noch die größte. Italien liegt weit abgeschlagen. Auch werden in China pro Tag zirka eintausend Mal mehr Nudeln verspeist, als in Italien in einem Monat. Außer im August, da kommen die Touristen und essen alles auf, zuerst die Nudeln, dann das Eis oder eine Panna cotta. Nur zu Mittag. Am Abend gibt es Fishcake aus Alaska. In Newport, Oregon, gibt es auch Fishcake, besonders schmackhaften im Local Ocean Seafoods (www.localocean.net). Und Lachs. Zu Lachs isst man gerne Knäckebrot, man muss dabei aber aufpassen, dass man keine Gehirnerschütterung bekommt.

Lachs trifft täglich am Pike Place Fish Market ein. Von dort fliegen die Fische in die Mägen der Käufer auf der ganzen Welt. Bestellt wird übers Internet, obwohl das Internet längst out ist. Lachs ist immer noch in. Interessant ist, dass die Fishmonger vom Pike Place Fish Market (www.pikeplacefish.com) vor 20 Jahren beschlossen haben, »world famous« zu werden. Heute sind sie es. Gratuliere! Nicht nur, weil sie die Fische fliegen lassen, sondern hauptsächlich, weil sie ihre Kunden besonders aufmerksam und freundlich behandeln und versuchen, ihnen die paar Minuten des Fischkaufes zu den schönsten ihres Lebens zu machen. Absolut nachahmenswert. Fishmonger fahren gelegentlich auf der Autobahn mit dem Moped, meistens nehmen sie aber CarFly. Von Seattle nach Newport sind es 300 Meilen, die Strecke legt man in 45 Minuten zurück. Bei zero Emissionen.

Der Fishmonger auf dem Weg zur Arbeit studiert inzwischen die Entwicklung der Dungeness-Crab-Preise und kommt so wohl informiert an seinem Arbeitsplatz an. (Dungeness Crab gibt es auch im Local Ocean Seafoods.) Oder er verzehrt einen kalten Fishcake, der vom Abendessen übriggeblieben ist. Die Oma von Samuel, dem Fishmonger, macht vorsichtshalber immer ein paar mehr, weil sie weiß, dass er schwer arbeitet und ständig Hunger hat.

In den USA werden auch viele Nudelgerichte verspeist, besonders in den italienischen Vierteln der Großstädte und in den italienischen Restaurants. Für CarFly gibt es Miniportionen, die aus Schachteln gegabelt werden. Die Nudeln sollen rasch gegessen werden, weil der CarFly gleich am Ziel ist.

Heute können Autos auch mit Mikrowelle nachgerüstet werden. Über Espressomaschinen verfügen sie schon lang. Zwei der neun Cupholder werden dafür verbaut. Autos sind sehr gemütlich geworden, seit sich CarFly auf der ganzen Welt durchgesetzt hat. Was kein Wunder ist, weil es alle Vorzüge der alten, nun überholten Transportsysteme in sich vereint. Die Vorteile von CarFly sind schnell aufgezählt: Flexibel, sowohl zeitlich als auch örtlich; große Reichweite auch mit Elektroautos (www. teslamotors.com), die über den Deltaflügeln gleichzeitig auftanken; schnell wie ein Düsenjet, Feeling wie auf einem Flügel, dabei sanft und ohne zu ruckeln. Kein Durchsacken, keine Turbulenzen, zero Emissionen, selber nicht fahren müssen, die Zeit sinnvoll nutzen, entspannen, völlig gefahrlos unterwegs sein, keine Staugefahr, vom Wetter unabhängig, kein Treibstoffverbrauch, kein Verschleiß, sogar günstiger als selber fahren. In den eigenen vier Wänden, dem eigenen fahrenden Wohnzimmer sozusagen. Und es macht unheimlich viel Spaß.

Und Peak Oil nicht zu vergessen (www.peak-oil.com). Da steht alles. Selber nachlesen bitte.

Grosser Bahnhof

Kleiner Bahnhof

Die Entfernung der Touristen

Die Entfernung der Touristen voneinander an den Stränden hängt in erster Linie von ihrer Anzahl ab. Je mehr von ihnen zwischen zwei Felsen liegen, desto geringer ist der Abstand. Je geringer der Abstand, desto lauter ist das wechselseitige Geschwatze. Mich persönlich stört die Summe von all dem Geschwätz aus vielen verschiedenen Sprachen nicht. Es ist eigentlich eine angenehme Hintergrundmusik und fördert sogar meine Dös- und Einschlaffähigkeit. Einzelne Ausbrüche auf Deutsch allerdings wirken kontraproduktiv.

Ich plädiere daher für Ruhepausen, wie sie früher an italienischen Stränden üblich waren: Von 12 bis 15 Uhr wurde geschlafen, im Umkreis von drei Metern durfte kein Laut vernommen werden, der über die Wahrnehmungsschwelle des menschlichen Ohres fällt. Heute wird sich das nicht mehr durchsetzen lassen, doch sollte Gesprochenes nur von den Mitmenschen gehört werden, an die es gerichtet ist. Von

12 Uhr weg darf drei Stunden lang an Stränden nur noch geflüstert werden.

Kinder erhalten Ausnahmebewilligungen für bestimmte Wörter, wie z. B. Eis, Ball, Pommes oder Illy-Espresso. Sobald jedoch ein Kind eines dieser Wörter an einem Strand dieser Welt zwischen 12 und 15 Uhr Ortszeit ausspricht, muss der zuständige Elternteil umgehend und ohne Verzögerung für die Heranschaffung des Artikels sorgen. Muss ein Kind das Wort ein zweites Mal sagen, zahlt der Elternteil Konventionalstrafe (Anonymverfügung).

Diese Regelung muss so streng sein, da sie der Erholung der Menschheit vor dem Stress des Alltags dient und damit die Burnout-Rate erheblich senkt, was sich wiederum positiv auf die Weltwirtschaft auswirkt.

Von Toronto nach New York

Die Strecke Toronto – New York beträgt 750 Kilometer. Das sind mit CarFly knappe zwei Stunden. Würde man diese Strecke ganz altmodisch auf dem Highway fahren, wären es neun Stunden. CarFly führt dabei direkt über die Horseshoe Falls (www.niagarafalls.ca). Man spart sich den Rundflug mit dem Hubschrauber, der sehr aufpassen muss, nicht mit CarFly zu kollidieren.

Der Grund

Sollten Sie sich nicht im Klaren darüber sein, warum Sie CarFly nutzen und ihrem Zuhause entfliehen sollen, hier sind die Gründe dafür.

Urlaubsgrund	Erläuterung	Geeignete Ziele
Entstressung	Wenn Sie nach mehreren Stunden Nichtstun in einen Zustand gelangen, von dem Sie nicht wissen, ob Sie ihn noch bewusst wahrnehmen oder schon schlafen, Sie quasi dösen, dann schießt Ihnen plötzlich ein Gedanke durch den Kopf, der da lautet: Mir ist einfach alles wurscht. In dieser Einsicht versuchen Sie nun so lange wie möglich zu verharren, am besten noch lange über den Urlaub hinaus.	Am besten eignen sich Destinationen mit saftig grünen Reisfeldern, praktisch ist Entstressung aber überall möglich.
Bildung	Zugegeben der unwichtigste Grund von allen, wir sind ja eh schon so gescheit. Obwohl es heutzutage von allergrößter Wichtigkeit ist, zu wissen, wie der Campanile in Venedig ausschaut. Das kann man nicht aus einem Lexikon erfahren. Und das Kreuz des Südens lässt sich nur intrinsisch erfassen. Der Bildungseffekt muss aber nicht extra gesucht werden, Reisen bildet von ganz allein.	Die ganze Welt, aber am besten dort, wo Sie noch nicht waren. Der Effekt kann durch das Buchen von Studienreisen und das Lesen guter Reiseführer verstärkt werden.

Sonnenenergie	Weil Steckdosen für den Menschen ungeeignet sind (zumal in vielen Ländern nur 110 Volt verfügbar sind), sollten Sie die Sonne nützen: Spüren Sie, wie die Sonnenstrahlen mit voller Wucht auf Ihre Haut aufprallen und sich Ihr Körper dabei kraftwerksartig auflädt. Spüren Sie, wie er durch die Wärme der Sonne an Leistung gewinnt. Aber vergessen Sie nicht auf den Sonnenschutz.	Alle Regionen zwischen den beiden 23. Breitengraden mit nur kleinen Einschränkungen zu bestimmten Jahres- oder Regenzeiten.
Entwöhnung vom Gewohnten	Irritieren Sie Ihren Alltag und verpassen Sie sich dadurch Chancen für Veränderungen. Ordnen Sie neu. Der Jetlag ist dabei nicht Plage, sondern Hilfe.	Überall, nur nicht daheim. Je länger und je mehr Zeitzonen, desto besser.
Sinne verwöhnen	Essen, gar nicht im Sinne von Nahrungsmittel-Zufuhr, sondern aus purem Vergnügen. Nicht um zu essen, sondern um zu schmecken. Ist jedoch leicht mit exotischen Nebenerscheinungen verbunden. Achten Sie daher penibel auf die Einhaltung von Hygienevorschriften.	Je weiter entfernt von Zuhause, desto besser.
Batterien aufladen	Paradox, aber wahr: Selbst wenn Sie Energie verbrauchen, beim Wassersport etwa oder im Dampfbad, tanken Sie Energie. Vereinfacht ausgedrückt geht das so, dass Sie schlechte Energie ablassen und gute, nahrhafte aufnehmen. Man darf das aber nicht übertreiben, es ist wichtig, dass es Ihnen Vergnügen bereitet.	Auf der ganzen Welt. Wassersportarten aber nur am Wasser, Bergsport in den Bergen, usw.

Shopping	Wegen der Freude am Überfluss, als wohlverdiente Belohnung und aus purer Lust, sich Gutes zu tun. Verleihen Sie Ihrem weltmännischen Auftreten die verdiente Bewunderung.	Geradezu Eldorados für Shopper sind New York, Hongkong, London, Kuala Lumpur und jede mittlere bis große Stadt in Italien.

Generell empfehle ich, sich bei mäßig starker Sonnenstrahlung in diese zu setzen und zu sinnieren.

Die Wahrheit

Die Wahrheit ist, dass die Erde keine Scheibe ist, sondern – wie wir in jedem Atlas nachkontrollieren können – ein Rechteck. Am Rand angelangt, fällt man nicht in die Hölle, sondern man blättert um, und eine neue Welt tut sich auf.

»Wie's is', so is'.« (Axels Mutter)

»Die Wahrheit ist, dass Gewissheit eine Illusion ist.« (Vermutlich anonym.)

»Die Zukunft ist unberechenbar.« (Prof. Dr. Rudolf Taschner, Institut für Analysis und Scientific Computing, Technische Universität Wien)

»A man sees what he wants to see and disregards the rest.« (Prof. Dr. Rudolf Taschner, siehe oben.)

»Gerechtigkeit siegt – aber nur im Film.« (Vermutlich anonym.)

»Don't believe everything you think.« (Thomas Kida)

»Wem die Wahrheit zu kompliziert ist, der will wenigstens Recht haben.« (Alfred Dorfer)

Die Wahrheit und die Bibel

Laura Schlessinger ist eine US-Radio-Moderatorin, die Leuten, die in ihrer Show anrufen, Ratschläge erteilt. Einmal sagte sie, als achtsame Christin Homosexualität keinesfalls befürworten zu können, da diese nach Levitikus 18,22 ein Gräuel wäre.

Darauf erhielt sie einen offenen Brief von einem US-Bürger namens Jake, der im Internet verbreitet wurde:

»Liebe Dr. Laura!

Vielen Dank, dass Sie sich so aufopfernd bemühen, den Menschen die Gesetze Gottes näherzubringen. Ich habe einiges durch Ihre Sendung gelernt und versuche, das Wissen mit so vielen anderen wie nur möglich zu teilen. Wenn etwa jemand versucht, seinen homosexuellen Lebenswandel zu verteidigen, erinnere ich ihn einfach an das Buch Mose 3, Levitikus 18,22, wo klargestellt wird, dass es sich dabei um ein Gräuel handelt. Ende der Debatte.

Ich benötige allerdings ein paar Ratschläge von Ihnen im Hinblick auf einige der speziellen Gesetze und wie sie zu befolgen sind.

a. Wenn ich am Altar einen Stier als Brandopfer darbiete, weiß ich, dass dies für den Herrn einen lieblichen Geruch erzeugt (Lev 1,9). Das Problem sind meine Nachbarn. Sie behaupten, der Geruch sei nicht lieblich für sie. Soll ich sie niederstrecken?

b. Ich würde gerne meine Tochter in die Sklaverei verkaufen, wie es in Exodus 21,7 erlaubt wird. Was wäre Ihrer Meinung nach heutzutage ein angemessener Preis für sie?

c. Ich weiß, dass ich mit keiner Frau in Kontakt treten darf, wenn sie sich im Zustand ihrer menstrualen Unreinheit befindet (Lev 15,19-24). Das Problem ist, wie kann ich das wissen? Ich hab versucht zu fragen, aber die meisten Frauen reagieren darauf pikiert.

d. Lev 25,44 stellt fest, dass ich Sklaven besitzen darf, sowohl männliche als auch weibliche, wenn ich sie von benachbarten Nationen erwerbe. Einer meiner Freunde meint, das würde auf Mexikaner zutreffen, aber nicht auf Kanadier. Können Sie das klären? Warum darf ich keine Kanadier besitzen?

e. Ich habe einen Nachbarn, der stets am Samstag arbeitet. Exodus 35,2 stellt deutlich fest, dass er getötet werden muss. Allerdings: Bin ich moralisch verpflichtet, ihn eigenhändig zu töten?

f. Ein Freund von mir meint, obwohl das Essen von Schalentieren wie Muscheln und Hummer ein Gräuel darstellt (Lev 11,10), sei es ein geringeres Gräuel als Homosexualität. Ich stimme dem nicht zu. Könnten Sie das klarstellen?

g. In Lev 21,20 wird dargelegt, dass ich mich dem Altar Gottes nicht nähern darf, wenn meine Augen von einer Krankheit befallen sind. Ich muss zugeben, dass ich Lesebrillen trage. Muss meine Sehkraft perfekt sein, oder gibt's hier ein wenig Spielraum?

h. Die meisten meiner männlichen Freunde lassen sich ihre Haupt- und Barthaare schneiden, inklusive der Haare ihrer Schläfen, obwohl das eindeutig durch Lev 19,27 verboten wird. Wie sollen sie sterben?

i. Mein Onkel hat einen Bauernhof. Er verstößt gegen Lev 19,19, weil er zwei verschiedene Saaten auf ein und demselben Feld anpflanzt. Darüber hinaus trägt seine Frau Kleider, die aus zwei verschiedenen Stoffen gemacht sind (Baumwolle/Polyester). Er flucht und lästert außerdem recht oft. Ist es wirklich notwendig, dass wir den ganzen Aufwand betreiben, das komplette Dorf zusammenzuholen, um sie zu steinigen (Lev 24,10-16)? Genügt es nicht, wenn wir sie in einer kleinen, familiären Zeremonie verbrennen, wie man es ja auch mit Leuten macht, die mit ihrer Schwiegermutter schlafen? (Lev 20,14)

j. Ich weiß aus Lev 11,16-8 dass das Berühren der Haut eines toten Schweines mich unrein macht. Darf ich aber dennoch Fußball spielen, wenn ich dabei Handschuhe anziehe?

Ich weiß, dass Sie sich mit diesen Dingen ausführlich beschäftigt haben, daher bin ich auch zuversichtlich, dass Sie uns behilflich sein können.

Und vielen Dank nochmals dafür, dass Sie uns daran erinnern, dass Gottes Werk ewig und unabänderlich ist.

Ihr ergebener Jünger und bewundernder Fan

Jake«

Urlauberia

Foresteria, Piadineria, Fonderia, Metallurgia, Panetteria, Vineria, Infanzia, Artolibreria, Filatelia, Formacceria, Cremeria, Sanitaria, Pizzeria, Trattoria, Osteria, Gelateria, Spaghetteria, Profumeria, Macelleria, Pizzicheria, Dolceria, Cioccolateria, Caffètteria, Libreria, Forneria, Merceria, Confiseria, Latteria, Drogheria, Crepperia, Pescheria, Lotteria, Gioielleria, Pasticceria, Bottiglieria, Biglietteria, Erboristeria, Erberia, Fattoria, Salumeria, Missiaglia, Carrozzeria, Hostaria, Frezzaria, Vetreria, Calzedonia, Legatoria, Fiaschetteria, Galleria, Orologeria, Bruschetteria, Oreficeria, Tappezzeria, Fereria, Cicchetteria, Cartolibreria, Griglieria, Accademia, Friulghiaia, Veterinaria, Psiquiatria, Hosteleria, Drogueria, Immobiliaria, Perfumeria, Bisuteria, Cristaleria, Mantegueria, Xarenteria, Carnisseria, Joyeria, Relojeria, Trajeria, Sastreria, Peluqueria, Panaderia, Merceria, Hamburgueseria, Condomeria, Freiduria, Acesoria, Aquiaria, Lavanteria, Cockteleria, Pastisseria, Croissanteria, Croasanteria, Cerveceria, Heladeria, Charcuteria, Bombonieria, Farmacia, Apotecaria, Floristeria, Jardineria, Ferreteria, Hogaria, Sabateria, Zabateria, Fotografia, Parafarmacia, Arroceria, Marisqueria, Papeleria, Orizonia, Cartografía, Carpinteria, Tintoreria, Policia, Guardia, Pulloveria, Brilleria, Salateria. Urlauberia.com.

Blödsinn macht schlau

Es spricht etliches für das Absurde. Eine in Kalifornien durchgeführte Studie belegt, dass es gerade Verrücktheiten sind, die das Hirn anregen, um bestimmte Dinge wahrzunehmen, die es sonst übersehen würde. 20 Studenten lasen eine absurde Geschichte, wonach man ihnen eine komplizierte mathematische Aufgabe stellte, die Kreativität erforderte. Diese Studenten erledigten die Aufgabe um 30 Prozent besser als die Vergleichsgruppe an Studenten, die zuvor eine ganz normale logische Geschichte gelesen hatten. (Sabine Reichel. Warum Männer, die staubsaugen, mehr Sex haben. Heyne, 2010.)

Blödsinn dient der Entspannung, der Lockerung der Hirnwindungen, der Dehnung der Synapsen.

In einem weiteren interessanten Experiment am Londoner King's College gingen Forscher den Auswirkungen des Dauerbeschusses an digitalen Daten auf die Konzentration nach. Sie ließen die eine Versuchsgruppe Marihuana rauchen, andere eingehende E-Mails bearbeiten. Wer hätte es gedacht: Die Marihuana-Gruppe schnitt beim Lösen von Aufgaben bedeutend besser ab als die E-Mail-Gruppe. (Gerald Groß. Wir kommunizieren uns zu Tode: Überleben im digitalen Dschungel. Ueberreuter, 2008.)

»Die Welt ist nicht logisch in dem Sinne, dass eines aus dem anderen zwangsläufig folgt. Die Welt ist das Ergebnis zahlloser Spiele – ökonomischer, kultureller, mentaler, erotischer, kognitiver Spiele, die alle miteinander vernetzt und verbunden sind.« (Matthias Horx. Das Buch des Wandels: Wie Menschen Zukunft gestalten. Deutsche Verlagsanstalt, 2009. www.horx.com)

Die Absurdität dieses Buches soll bei der Bewältigung der komplexen Aufgabe der Umkehr des Klimawandels helfen.

Nochmal die Übung

Wenn zwei Kakteen zusammen 1,10 Euro kosten und ein Kaktus um genau einen Euro teurer als der andere ist, wie viel kostet dann jeder einzelne Kaktus?

Die letzten Worte

Die letzten Worte des berühmten Hoteliers Conrad Hilton waren: »Die Leute sollen die Duschvorhänge benutzen.«

»Bleibt nur noch die Frage offen, wer das Licht im Kühlschrank ausmacht.« (Archimedes)

»Biete Abgase, suche Eiszeit.«*

»Peace, Love & Blödsinn.«*

* Ich.

Über den Autor

... gibt es nichts zu sagen.

»Die Natur hat ihr ganzes Füllhorn der Güte über mich ausgeschüttet. Ich war so gut, dass ich Erbonkel nicht sterben und Schwiegermutter nicht weinen sehen konnte. So gut, dass ich selbst meine Gläubiger aufrichtig liebte. [...] Tante Rosalinde prophezeite mir, dass meine Gebeine einst – zum Lohn für so viel Nächstenliebe – duften werden.«

Roda Roda. Das Schmuckkästchen. Langen/Müller, 1989.